Eugène Guibert

Paysan et Mutualiste

Préface de Claude Hemme

Entretiens avec André Vignau

À Camille et Valentine,
mes petites-filles.

La vie mérite d'être vécue à condition d'y faire sa place en respectant l'autre tout en restant soi-même.

Préface

Un mutualiste parmi les hommes.

Il est des temps, il est des moments qui marquent la vie, la vie d'une organisation, la vie d'un homme.

Le livre que j'ai l'honneur de préfacer est totalement marqué par la vie d'Harmonie Mutualité et par la vie d'un de ses principaux acteurs. Je veux parler ici d'Eugène Guibert. Que serait Harmonie Mutualité sans la mutualité de la Vendée, et que serait la mutualité de la Vendée actuellement sans Eugène Guibert ?

Le lecteur sera sans nul doute convaincu par la volonté d'un homme qui a toujours su rassembler, convaincre et non imposer. Sa terre, qu'il a tant travaillée et construite, sa famille, dont il ne s'est jamais écarté, la structure paysanne, qu'il a investie avec engagement et intelligence, l'espérance, nourrie par son entourage professionnel, l'ont invité à s'engager dans le militantisme mutualiste, face aux interrogations et aux injustices de notre monde.

C'est tout à l'honneur d'Eugène Guibert de s'être refusé à faire partie des hommes et des femmes dont Albert Camus disait : « Alors qu'ils pouvaient tout, ils ont si peu osé. »

Eugène Guibert a toujours eu le souci de « l'autre ». Qui pense que la personne humaine est d'abord ce qu'elle fait, ne peut manquer d'admirer la démarche fondée en permanence par l'action au cœur de la vie. Dans la vie, son infinie pluralité, chez les hommes, leur infinie diversité, celle des groupes, des cultures. L'accès à la vérité est donc en permanence conditionné par la rencontre de « l'autre ».

Merci à Eugène Guibert de nous le rappeler avec force et humanité.

Claude Hemme

– Eugène Guibert, vous êtes aujourd'hui membre de la commission exécutive Harmonie Mutuelles, vice-président d'Harmonie Mutualité et président du territoire Harmonie Vendée. Une position que ne laissait guère présager votre enfance paysanne. Sans aller jusqu'à prétendre, comme on l'entend parfois, que « le hasard n'existe pas », l'agriculteur que vous avez été sait bien qu'une plante ne prospère que dans la terre qui lui convient. J'aimerais savoir dans quelle terre a « poussé » Eugène Guibert.

– Plutôt que d'une terre, nous parlerons, si vous me permettez ce distinguo, de « terroir ». La nuance n'est pas si mince, surtout quand on parle de la Vendée, si riche d'histoire et de traditions. J'étais l'aîné d'une famille de huit enfants implantée à La Templerie, un hameau à deux kilomètres de Saint-Georges-de-Montaigu. Mes parents étaient des « bordiers », comme on dit chez nous : des petits paysans qui exploitaient en polyculture un élevage et quatorze hectares de terre qui leur appartenait en propre pour une partie, et qu'ils avaient louée en fermage pour l'autre.

– Huit enfants, rien de tel pour s'initier très tôt au partage et à la solidarité, je suppose. Surtout à la campagne.

– Tout à fait. Mon père était foncièrement bon et loyal, mais influençable, ce qui ne manquait pas de faire sourire autour de nous, dans cet univers d'hommes volontaires et durs à la peine. D'hommes, mais aussi de femmes, d'ailleurs. Comme il n'avait pas les moyens de se payer un ouvrier agricole, c'étaient ma mère et ma grand-mère qui le secondaient pour faire tourner la ferme. Et bien sûr, les enfants, dès qu'ils étaient en âge de se rendre utiles. Et cet âge arrivait vite, à l'époque. À onze ans, il m'arrivait plus d'une fois de manquer l'école parce qu'il fallait cueillir les choux, préparer le fourrage pour les animaux ou participer à quelque autre lourde tâche qui requérait un appoint de main-d'œuvre. Et à treize ans, avant même l'âge légal de fin d'études, il m'a fallu quitter définitivement l'école, sans même passer le CEP, le Certificat d'études primaires, ce baccalauréat des petites gens d'autrefois.

– *Vous n'aviez donc aucun diplôme.*

– Aucune peau d'âne à encadrer sur le mur du salon. Encore que, entre treize et dix-sept ans, j'ai fréquenté les cours du soir que dispensait le directeur de l'école pour passer le CAP agricole. Et j'ai quelque mérite à l'avoir décroché.

– *C'était en effet du travail en plus après la journée à la ferme.*

– Ce n'est pas tant à la préparation que je pensais qu'à l'examen lui-même, que je suis allé passer à La Roche-sur-Yon. Quarante kilomètres à l'aller, autant au retour… à vélo, avec trois ou quatre copains. Et pas question d'arriver en retard !

– *Alors que votre père ne l'avait, lui, jamais passé.*

– Ni lui, ni aucun homme de sa génération. Mais on est au début des années cinquante, dans une période de mutation du monde agricole, mutation qui passe aussi par l'école, par le savoir. Les plus favorisés, après le CEP, poursuivaient leur formation à l'École agricole. Les autres, comme moi, suivaient les cours du soir. Des études qui faisaient parfois jaser dans les caves. Comme s'il était besoin d'avoir des diplômes pour être paysan !

– *Dans les caves ?*

– Le lieu de rencontre de prédilection des hommes. Les femmes avaient de multiples occasions de se rencontrer ; les hommes, eux, se rencontraient dans les caves. Chaque ferme avait la sienne, où l'on faisait vieillir le « ragoûtant », le petit vin que chacun produisait pour sa consommation personnelle. On s'y invitait entre hommes, on y discutait de tout, des travaux agricoles, mais aussi de l'actualité, de la vie quotidienne, de ces écoles que fréquentaient les jeunes gens, et on y faisait aussi des affaires. Pas une seule vente de bestiaux, de matériel agricole ou de quoi que ce soit ne se faisait ailleurs que dans la fraîche pénombre de ces caves, autour d'une chopine de noah, de baco, d'oberlin, de mareuil, d'un verre de pineau, de troussepinette[1] ou d'une gnole maison. L'ambiance y était en général cordiale, mais pouvait aussi être vive à l'occasion. On s'y échauffait parfois et le ton montait dans les discussions.

---

1 Apéritif vendéen à base de vin, d'alcool, de sucre et de bourgeons d'épines noires.

– *Vous étiez pourtant bien jeune pour y participer.*

– Mais pas pour y assister. Les enfants, du moins les garçons, suivaient leurs pères, écoutaient les conversations, même s'ils n'y prenaient pas part, et en retenaient les dictons de la bonne vieille sagesse paysanne : « S'il pleut à la Saint-Médard, il pleuvra quarante jours plus tard, sauf si Barnabé – qui tombe six jours après – lui coupe l'herbe sous le pied. » Même dans les visites de famille à famille, le dimanche, les femmes restaient à la maison, généralement dans la cuisine, la pièce à vivre, et les hommes se retrouvaient au jeu de palets et, bien entendu, dans les caves.

– *C'était vrai aussi pour les veillées ?*

– Beaucoup moins. Elles avaient lieu généralement entre la Toussaint et février, en hiver, quand les travaux des champs étaient réduits, les journées plus courtes et les soirées plus longues. On se retrouvait chez les uns ou chez les autres, parfois à plusieurs kilomètres, qu'on parcourait de nuit, sans torche, par tout un lacis de chemins creux ou bien, pour couper au plus court, à travers champs. Comme on n'avait pas l'électricité et que le pétrole des lampes coûtait cher, on n'éclairait que la cuisine. Les femmes tricotaient en bavardant, tandis que les hommes jouaient aux cartes, à la « coinche »[2] le plus souvent. On se retrouvait aussi en d'autres occasions et pour des raisons moins ludiques, à l'époque des grands travaux : moissons, battage, arrachage de haies à la pioche, etc. Il n'était plus temps alors de discutailler : parents, amis, voisins, tout le hameau était mobilisé.

– A notre époque, où chacun y va de son couplet sur l'individualisme – très contestable d'ailleurs –, c'est un peu un éden que vous évoquez.

– N'en croyez rien. Cette solidarité paysanne, qui n'était jamais calculée, qui allait de soi, car c'était le seul moyen de survivre en un temps où les bras étaient presque la seule force de travail, n'empêchait pas les inimitiés, voire les animosités. La Templerie était un hameau de quatorze ou quinze foyers, pas plus. On y vivait dans un échange permanent avec ses voisins, mais aussi, forcément, sous leur regard. Ce qui explique en partie, au-delà de la conscience personnelle de chacun, ce désir, ce point d'honneur qu'on avait à bien faire son travail.

---

2 La coinche, aussi appelée belote coinchée, est une variante de la belote, voisine de la belote bridgée ou de la belote contrée. Les règles du jeu sont les mêmes, seules la distribution des cartes et la détermination de l'atout changent.

– La peur du qu'en-dira-t-on ?

– On peut le dire comme ça. Par exemple : on labourait encore à la charrue avec des bœufs. Tracer des sillons parfaitement rectilignes était un motif de fierté qui vous valait de la considération. Ou bien, à la moisson, aligner bien droit les gerbiers dans son champ. Ou encore bien « finir » un animal – veau ou vache – à l'aliment avant de le vendre. C'étaient là autant de motifs d'amour-propre pour qui y réussissait et aussi, il faut bien le dire, autant de moyens de faire taire des voisins un peu médisants et toujours prompts à la critique. Mais qui, fins connaisseurs, savaient aussi reconnaître le travail bien fait et ne manquaient pas de le faire savoir.

– Ce qui était valable pour les adultes devait l'être aussi pour les enfants. Ce n'était pas trop difficile de grandir sous le feu croisé de tous ces regards ?

– N'exagérons rien. C'étaient des voisins, pas des gardechiourmes. Je suppose, car je n'en ai plus le souvenir, que j'ai dû commettre, comme mes petits camarades de l'époque, mon lot de sottises enfantines. Mais la famille était là, qui veillait au grain. On savait se tenir, comme on dit. Et puis, les rôles étaient parfaitement distribués, et de façon immuable : aux parents les gros travaux, aux enfants de garder les vaches, de couper l'herbe pour les lapins, de cueillir ou de ramasser fruits et légumes. Et pendant les grandes vacances, qui duraient alors deux mois et demi, on prêtait main forte pour la plantation, le binage et le ramassage des pommes de terre. Bref, on participait aux mille et une tâches qui constituaient – et constituent toujours pour une grande part – le quotidien d'une exploitation agricole. Accessoirement, mais c'était très secondaire, on était tenu de bien travailler à l'école. Dans mon cas, l'entourage, au sens large du terme, a joué un rôle déterminant dans ma formation. Tout autant et peut-être plus que la cellule familiale. Ça me gênait que ma famille soit différente des autres.

– *En quoi était-elle si différente ?*

– Au fond, elle ne l'était peut-être pas tant que ça. Mais à mes yeux d'enfant, elle était plus « attardée » en quelque sorte. D'abord, c'était une famille nombreuse et cela n'était déjà plus si courant. Ensuite, mon père n'avait pas le dynamisme de certains, il avait plus tendance à suivre le mouvement qu'à le mener. J'avais vraiment le sentiment qu'« on n'[était] plus dans le coup », comme on disait familièrement. Je me souviens qu'un jour, un journaliste en quête de pittoresque pour quelque reportage avait photographié notre maison comme exemple typique de vieux bâtiment vendéen. D'autres en auraient peut-être tiré gloire. J'en fus pour ma part mortifié.

– Par « entourage », vous voulez dire ces voisins à l'affût des moindres faits et gestes du hameau ?

– Vous caricaturez, même s'il y avait un peu de ça. Les voisins, oui, mais pas seulement. Mes voisins les plus proches étaient un jeune couple à qui je dois beaucoup. Comme mon père, je vous l'ai dit, était peu dynamique, ce sont eux qui, plus d'une fois, m'ont emmené très jeune dans d'autres fermes, d'autres exploitations, m'ont fait découvrir ce qu'était le monde rural. Lui surtout, Raymond Dronneau, a joué un rôle capital dans ma formation. Très engagé dans la JAC [3] et dans le syndicalisme agricole, il m'a énormément appris sur la vie des hommes et sur le développement qui s'engageait dans nos campagnes. Mais il y avait l'école, aussi, et surtout l'Église. L'Église a toujours eu un rôle déterminant en Vendée. Si nos curés de campagne partageaient le pain noir de leurs fidèles, il faut bien reconnaître que la hiérarchie, elle, était souvent plus proche des puissants du moment. Les hobereaux de l'An-

---

3 La Jeunesse agricole catholique (JAC), puis Mouvement rural de jeunesse chrétienne (MRJC), est un mouvement français d'action catholique qui fut créé en novembre 1929 par des jeunes et des prêtres, notamment l'abbé Jacques Ferté et Robert Garnier.

cien Régime comme les notables de la République. Par ailleurs, dans les années cinquante, les vicaires continuaient à faire du prosélytisme et à s'efforcer d'envoyer des jeunes gens au séminaire. Non sans succès, d'ailleurs, car dans une région au chômage endémique, la prêtrise était une carrière assurée et, plus encore, la possibilité, pour bien des jeunes gens, de faire des études qu'ils n'auraient pas eu les moyens d'assumer financièrement.

– *Cela ne vous a pas tenté ?*

– On me l'avait proposé, ce qui n'avait pas eu l'heur de plaire à mes parents, tout croyants qu'ils étaient. À leurs yeux, en tant que fils aîné, j'étais naturellement destiné à reprendre l'exploitation familiale. Tenez, quelques exemples de l'emprise de l'Église. Les distractions étaient rares et, comme les discothèques n'avaient pas encore envahi nos contrées, certains jeunes organisaient des « bals populaires ». Horreur et damnation ! Ils devaient sans tarder s'en accuser à confesse et n'obtenaient pas pour autant l'absolution. C'était aussi l'époque des premières laiteries industrielles, qui collectaient le lait dans les fermes. Or les vaches, ces inconscientes, se permettaient d'en produire sept jours sur sept. Si bien que l'on voyait passer le dimanche, devant l'église, parfois pendant la messe, les camions de la laiterie. Le jour du Seigneur ! Vous vous rendez compte ? Péché mortel ! D'ailleurs, pendant les grands travaux, moissons, battage ou autres, si l'ampleur de la tâche, ou tout simplement la météo, exigeait que l'on travaille le dimanche, il fallait encore en demander l'autorisation au curé, qui voyait d'un mauvais œil la révolution culturelle qui s'annonçait.

– *On ne badinait pas avec les commandements.*

– C'est le moins qu'on puisse dire. N'empêche qu'au tournant du siècle, l'institution ecclésiastique, principalement par le biais de la JAC, la Jeunesse agricole chrétienne, s'est lancée dans une entreprise ambitieuse : l'émancipation d'une classe paysanne jusque-là considérée dans le pays avec une certaine commisération. Au lendemain de la guerre, sensible à la priorité de l'époque qui était de nourrir le pays (qui subissait encore le rationnement[4]), la JAC se mobilisait pour l'augmentation de la production agricole. D'abord, elle s'est investie dans le syndicalisme agricole. Jusque dans les années 1955-1956, il y avait encore beaucoup de métayage dans le bocage. La JAC s'est battue pour que les exploitants passent du métayage au fermage. Et, croyez-moi, le combat était âpre pour convaincre les

4 Les dernières cartes de rationnement, alimentaire ou vestimentaire, n'ont disparu que vers la fin des années quarante.

bourgeois propriétaires. Par ailleurs, elle misait sur les nouvelles techniques de production (la mécanisation, les engrais et autres progrès). Ça n'a l'air de rien, mais je vous assure que ça faisait parler dans les caves.

– *Ce n'était pourtant qu'un progrès technologique.*

– Mais il bousculait les traditions. On baigne aujourd'hui dans une sorte de « bain technologique », on vit bardé d'appareils sophistiqués dont on ne mesure plus l'impact sur nos modes de vie. Chaque jour ou presque voit apparaître une nouveauté qui détrône la précédente, on ne s'étonne plus de rien. Revenez un demi-siècle en arrière, pas plus, et vous aurez une idée de l'ampleur des changements. Il fallait par exemple traire les vaches trois fois par jour : matin, midi et soir, sept jours sur sept et trois cent soixante-cinq jours par an. Vous imaginez la contrainte ? On était bien loin des robots trayeurs d'aujourd'hui pilotés par ordinateur. On n'avait même pas l'électricité ! On s'éclairait encore à la lampe à pétrole. C'est en 1951 seulement qu'est arrivée l'électricité. Je ne vous dis pas la fête au village ! L'eau courante, quelques années plus tard. Très vite sont apparues les premières machines électriques : les concasseurs, les scies, etc. Mais aussi les machines à laver. Mes parents en ont acheté une en 1959, une des premières du village. C'en était fini de la corvée quotidienne de la lessiveuse et du lavoir ou de la rivière. Finis aussi, d'ailleurs, les papotages et commérages avec les voisines, une certaine forme de vie sociale. Le lavoir, c'était un peu « radio village ». La radio, la vraie, la TSF comme on disait alors, l'ouverture sur le monde, venait d'apparaître aussi. Je me souviens que le premier à en posséder une était un de mes voisins, un forgeron. On se réunissait chez lui le dimanche pour écouter la retransmission du Tour de France. Ensuite, quand chacun avait la sienne, on s'y est habitué. On ne l'écoutait même plus vraiment. Le soir, tandis que les femmes cousaient ou tricotaient et que les hommes fabriquaient des paniers, elle fonctionnait en fond sonore sans que personne n'y prenne garde.

– *Je ne savais pas la Vendée productrice de vannerie.*

– On n'en faisait pas commerce. C'étaient les paniers dont nous avions l'usage à la ferme. Mais chacun regardait, là aussi, le panier du voisin d'un regard tantôt critique, tantôt admiratif.

– Toujours ce regard de l'autre. Revenons au progrès. 1951, l'électricité entre dans les foyers de Saint-Georges-de-Montaigu. Et le téléphone ?

– Il est arrivé plus tard. Ça peut sembler stupéfiant aujourd'hui, où plus personne ne se sépare de son portable, mais dans les années cinquante, la France était le dernier pays d'Europe en matière d'équipement téléphonique. Avoir une ligne était un luxe au prix exorbitant, qu'il fallait attendre des mois, parfois des années. Pour équiper les campagnes, en accord avec la Poste, ou plutôt les PTT comme on disait alors, le conseil municipal avait installé chez des particuliers des postes téléphoniques qui faisaient office de cabines. Pour les conversations confidentielles, ce n'était pas l'idéal, mais c'était mieux que rien. Mon voisin, Raymond Dronneau, qui était maire de la commune, en avait un chez lui. Inutile de préciser qu'il était sans cesse dérangé par tous ceux, dont moi d'ailleurs, qui avaient un coup de fil à passer.

– On arrive au milieu des années cinquante. Vous allez avoir vingt ans, l'âge du service militaire.

– Que mes parents voient arriver sans aucune joie, croyez-moi. Mon père et ma mère, à eux seuls, ne peuvent mener la ferme. Mon départ leur pose un sacré problème.

Au point que, tant que je serai sous les drapeaux, mon jeune frère, Michel, maçon de son état, devra abandonner quelques mois son métier pour venir travailler à la ferme quand mon père sera malade. Et puis, il y a l'inquiétude, aussi. C'est l'époque où les appelés du contingent sont envoyés en Algérie pour faire face à ce que le gouvernement de l'époque appelle pudiquement « les évènements ».

– Le « politiquement correct » existait déjà.

– Il a toujours existé, je suppose. Les mots ne trompaient personne, tout le monde savait que ces pseudo « évènements » étaient en réalité une guerre qui ne disait pas son nom. Il y avait parfois des manifestations ici et là pour empêcher les trains de conscrits de partir. Pour ma part, je suis d'abord allé au Mans, où nous étions regroupés. Ça a été mon premier choc culturel.

– La caserne ?

– Non, le train ! C'était la première fois que je le prenais. Puis l'Allemagne, où il était de tradition de « faire ses classes », comme on disait, le passage par Paris, la découverte du métro, et enfin le grand départ, mon affectation dans une ferme à Mascara, dans l'ouest de l'Algérie. Puis la vie militaire, avec ses charmes et ses horreurs. Ses charmes, c'était la camaraderie, le brassage des classes sociales entre jeunes gens de toutes origines, l'entraide et la solidarité totale entre jeunes gens confrontés aux mêmes dangers, sans considération de l'origine sociale. L'horreur, c'était la peur des accrochages, les bombes au napalm qui étaient parfois utilisées, les combats, bref, toute l'horreur de la guerre. Il fallait écrire souvent pour rassurer les parents. Je me souviens qu'un de mes copains, lui, écrivait tous les jours à sa fiancée.

– *J'imagine que l'atmosphère, les circonstances, les paysages même, tout cela vous transportait sur une autre planète, bien loin du bocage vendéen. Encore que votre campement était établi dans une ferme.*

– Elle n'avait strictement rien à voir avec celles que j'avais connues jusque-là. C'était principalement une agriculture extensive de céréales sur des terres pauvres, où l'eau était rare. Tout le contraire de la Vendée. Mais je n'étais pas coupé de celle-ci. Outre les courriers personnels qui me tenaient au courant de la vie au village, je me faisais envoyer régulièrement la presse syndicaliste agricole du département. J'essayais de me tenir autant informé que possible de l'évolution de notre agriculture, de la mécanisation, des nouvelles techniques, etc. Non seulement je ne l'oubliais pas, ma Vendée, mais je crois que, d'une certaine façon, je préparais mon retour. Y compris financièrement.

– Je ne savais pas la France si généreuse avec ses hommes de troupe.

– En fait, la durée légale du service était de dix-huit mois. Mais en raison des évènements d'Algérie, elle avait été portée à trente. Or, en tant que fils aîné, j'étais considéré comme « soutien de famille ». Aussi mes parents avaient-ils perçu, pendant les douze mois d'incorporation supplémentaire, une allocation qu'ils avaient mise de côté pour moi. Un petit pécule m'attendait à mon retour.

– Le retour de l'enfant prodigue ?

– Il y avait un peu de cela. La première joie de mes parents était, je pense, de me voir revenir vivant, même pas blessé. Tous n'avaient pas ce bonheur, hélas ! Mais en plus, ils voyaient revenir le paysan, celui dont les bras, même si ceux de mon frère avaient abattu bien du travail, avaient manqué à la ferme pendant deux ans et demi, celui enfin qui avait vocation à devenir le patron de cette ferme. D'ailleurs, un autre de mes frères, Claude, qui avait passé l'âge de fin d'études et qui travaillait aussi à la ferme, m'avait laissé la place pour aller s'engager ailleurs comme ouvrier agricole. Pour bien me signifier l'importance de ce jour, et aussi sans doute pour montrer qu'ils étaient ouverts aux nouvelles formes d'agriculture, mon père s'était associé avec l'un de mes oncles pour acheter un tracteur qui, tout neuf, m'attendait dans la cour de la ferme.

– *L'intention était claire.*

– Elle était multiple. Elle me disait : « C'est bien, mon fils, te voici de retour. Tu vas reprendre la place qui est la tienne à la ferme. » Mais, comme ils savaient mon goût pour les nouvelles techniques agricoles, c'était aussi une façon de les approuver et de m'encourager dans cette voie. C'était enfin, peut-être, la reconnaissance de cette modernité qui pénétrait dans nos campagnes. En partie grâce au rôle moteur de la JAC.

– *Qui poursuivait ainsi son entreprise de modernisation commencée quelque vingt ans auparavant.*

– Elle avait encore bien du pain sur la planche. Vous savez, en ce temps-là, on est à la fin des années cinquante, il existe une très forte opposition, un véritable décalage entre paysans et citadins. Ceux-ci ont tendance à considérer ceux-là comme des « bouseux », comme des « ploucs », comme des gens arriérés dont les habitations, les techniques, les modes de vie et peut-être les mentalités n'ont guère changé depuis des siècles. La JAC va s'attacher alors non seulement à pousser les paysans – qui sont maintenant des agriculteurs, le politiquement correct a frappé là aussi – à se moderniser, mais aussi à imposer dans la société une autre image de l'agriculture et surtout à faire reconnaître la place de l'homme dans l'environnement. En fait, la JAC ne veut rien moins que restaurer la dignité humaine de l'agriculteur, mise à mal dans une société française en pleine mutation. Il faut dire qu'il n'est pas si facile d'être paysan à l'époque. Les jeunes qui restent agriculteurs ont souvent bien du mal à trouver à se marier. À Saint-Georges, sur les vingt garçons de mon âge, j'ai été le seul à rester agriculteur.

– C'est vrai qu'à cette époque, on est pratiquement au milieu de ces mythiques « Trente glorieuses », qui ont modernisé la France presque à marche forcée.

– Jusque dans les années soixante, c'est une modernisation qui a bien peu touché une Vendée encore très traditionnelle. On est sorti de l'après-guerre et des restrictions. De nouveaux biens de consommation, donc plus de tentations, plus d'occasions de dépenser, commencent à apparaître. Nous, les jeunes, nous ne nous contentons plus de survivre, nous avons besoin d'argent liquide. Or, l'agriculture pratiquée en Vendée à cette époque est encore une agriculture de subsistance, qui ne permet pas de dégager une rémunération. Certains, à partir d'initiatives personnelles ou familiales, se font artisans ou se lancent dans l'industrie. D'autres, en quête de fermes plus grandes et plus rentables, poursuivent un mouvement migratoire commencé juste après la guerre et vont s'installer dans des départements proches. En ce qui me concerne, le petit pécule économisé par mes parents me permet alors de passer mon permis de conduire et d'acheter une moto d'occasion, une Peugeot 125, celle de Raymond, qui la revendait pour s'acheter une voiture. En outre, sur la ferme familiale, si je participe au fonctionnement général de l'exploitation, j'ai aussi ma propre production, dont je suis entièrement responsable, et que je vends à part. C'est à l'époque mon seul salaire : des porcs que je nourris à l'aliment acheté chez un minotier et que je vends au marchand de bestiaux de la commune.

– On est en 1959. Vous revenez à la vie civile et vous vous installez à la ferme familiale. Même si vous aviez quitté l'école à l'âge de treize ans, on peut considérer que c'est maintenant que vous entrez véritablement dans la vie active, ou du moins que vous allez commencer à construire réellement la vôtre. Quels sont, à cette époque, vos rapports avec le monde mutualiste ?

– À ce moment-là, je suis un simple adhérent de la Société de secours mutuels de Saint-Georges-de-Montaigu, ce qui n'est déjà pas si mal si l'on considère l'histoire un peu agitée de la mutualité en Vendée, où tout le monde, loin de là, n'était pas mutualiste. Comme un peu partout en France, la mutualité vendéenne est l'héritière de ces sociétés de secours mutuels apparues au XIXe siècle. Celle de Saint-Georges-de-Montaigu avait vu le jour en 1876. Mon propre grand-père en avait été, en son temps, l'un des délégués, ce qui laisse supposer qu'il occupait une certaine position sociale, et mes parents y avaient toujours été affiliés. Le règlement de ces sociétés était autrement plus contraignant que celui de nos mutuelles actuelles. Elles se réunissaient une fois par trimestre et les adhérents étaient tenus d'assister à ces réunions sous peine d'amende. C'est à ce moment-là que se payait la cotisation et qu'on procédait aux remboursements éventuels. Si un adhérent tombait malade, le chef de section locale allait s'informer si c'était bien la réalité et s'il gardait bien le lit. Et si l'un d'eux venait à décéder, tous les autres devaient participer à la sépulture et assister à l'enterrement, là aussi sous peine d'amende en cas d'absence. On faisait l'appel avant et après la conduite au cimetière.

– *C'était un peu le lot commun de toutes les sociétés de secours mutuels, non ? Pas seulement de Vendée.*

– Cela se doublait chez nous du poids particulièrement lourd, et de la religion, et des notables. Les bannières des sociétés étaient toujours bénies et arboraient parfois des symboles religieux pas toujours aussi discrets que l'exigeaient les circulaires préfectorales. Dans les années trente, celle de Saint-Georges-de-Montaigu n'avait plus le droit d'entrer dans l'église pour les cérémonies parce qu'elle avait assisté à un enterrement civil[5]. C'est dire. En outre, ces sociétés étaient sous la coupe de notables qui en assumaient parfois la présidence à vie, qu'il leur arrivait même de transmettre à leurs propres héritiers. Elles faisaient partie de tout un réseau de contraintes, une véritable toile d'araignée qui maintenait les gens dans une certaine soumission. Du coup, le système générait aussi des clans – on était pour ou contre telle ou telle personnalité, monarchiste ou républicain, etc. – qui excluaient de facto ceux qui ne partageaient pas les mêmes idées. Les inimitiés de personnes n'étaient pas sans influer sur les adhésions aux mutuelles.

– *C'est le paysage institutionnel que vous découvrez à votre retour du service militaire ?*

– Pas tout à fait. La situation avait déjà commencé à se modifier. Si, en 1960, des pesanteurs et des traditions surannées demeurent encore dans bien des comportements, en général, la mentalité collective a quand même bien changé. La JAC a beaucoup œuvré à partir des années cinquante pour, dans ce domaine comme dans d'autres,

5 *Cf.* Stève Desgré, « La mutualité vendéenne : la mutualité dans l'histoire sociale d'un département rural », *in Vie sociale* n°4/2008. Lire aussi *infra*, « L'affaire de la bannière » *in* « Annexes ».

faire évoluer les esprits. Certes, il existe encore bien des obligations, mais leur carcan s'est beaucoup desserré. L'Église, en particulier, ne pèse plus du même poids sur les sociétés de secours. D'autant que dans les années soixante apparaissent des mutuelles d'entreprises. Nombre d'adhérents quittent les traditionnelles sociétés de secours mutuels parce qu'ils trouvent dans ces mutuelles d'entreprise une organisation beaucoup plus souple. Un exemple : l'obligation de sépulture. Elle n'existe pas dans ces nouvelles mutuelles, car, pour un employé, assister à l'enterrement d'un adhérent signifie perdre une journée de travail. Du coup, confrontées à la concurrence, les sociétés de secours se voient obligées d'alléger le poids des contraintes qu'elles imposaient jusque-là à leurs adhérents. Pour ma part, je ne le cache pas, le début des années soixante est une période de découverte, de recherche. Je cherche ma voie. Si ma place à la ferme est assurée, je n'ai pas encore ma place dans la vie en général. Mais j'ai pour moi un élément fort sur lequel m'appuyer. Le premier est sans conteste la famille. Pas seulement la ferme, un métier, une continuité, mais un véritable esprit de famille qui me soudait à mes parents, à mes frères et à mes sœurs. Je vous rappelle que nous étions huit enfants à la maison. Je me sentais responsable d'eux, tout autant qu'ils se sentaient responsables de moi. C'est peut-être là quelque chose qu'on a du mal à saisir aujourd'hui, où les familles sont souvent éclatées, voire recomposées, mais cet « esprit de famille », qui n'a d'ailleurs pas – et heureusement – disparu, était une base solide sur laquelle on pouvait s'appuyer pour bâtir une vie. Ce n'est pas pour rien que l'on disait naguère des hameaux qu'ils comptaient non pas tant ou tant d'habitants, mais tant ou tant de « feux » ou, mieux encore, de « foyers », avec toute la charge familiale connotée par ce mot. La maison, à cette époque, ne se réduit pas à un logement. C'est la demeure qui abrite la famille, presque le « clan », où l'on ne compte ni son argent, ni son temps. D'ailleurs, si un fils d'agriculteur qui travaille à l'extérieur, comme artisan ou comme employé, prend son indépendance, celui qui reste dans l'agriculture continue à vivre chez ses parents et cohabite avec eux. C'était mon cas.

– J'ai pourtant cru comprendre que vous regrettiez qu'aux yeux des autres, votre père ne soit pas plus dynamique.

– En partie, oui. Mais ce défaut pouvait se révéler aussi une qualité en ce qui me concernait. Je savais, et il l'a prouvé par la suite, qu'il ne s'opposerait pas à mes projets, qu'il ne critiquerait pas ma vision plus moderne de l'agriculture et de la vie à la campagne. En fait, l'important, pour mes parents, était que je reste auprès d'eux en cette période pleine d'incertitudes.

– Il ne s'y opposerait pas, mais il aurait sans doute du mal non pas à vous suivre, mais à vous guider dans cette voie.

– Pour cela, j'avais mon vieil ami, mon voisin, Raymond Dronneau. Je vous ai dit son rôle au sein de la JAC, dont il était le délégué local. Il était aussi membre du bureau de la Chambre d'agriculture, vice-président de la FDSEA[6] et même maire de la commune. Il est décédé malheureusement très jeune, en pleine activité, à l'âge de soixante-deux ans.

– J'ai l'impression qu'il a beaucoup compté pour vous.

– Énormément. J'avais avec lui de nombreuses discussions, de longs échanges qui m'apportaient énormément. Il avait seize ans de plus que moi, il appartenait à une génération au-dessus, quoique intermédiaire par rapport à celle de mes parents. La société était alors en pleine mutation et il voulait que le monde agricole ne reste pas à l'écart de ce mouvement, qu'il évolue au contraire au même rythme que les villes. Formé par la JAC, c'était un homme ouvert, au contact facile, qui avait réellement la volonté de faire bouger les choses et savait au besoin impo-

6 Fédération départementale des syndicats d'exploitants agricoles.

ser ses vues à un auditoire récalcitrant... comme pouvait l'être d'ailleurs parfois son propre conseil municipal ou bien des agriculteurs à l'époque du remembrement. Après la messe, on se retrouvait, toute une bande, et on allait au café. Ça discutait dur, vous pouvez me croire. Et le dimanche soir, le travail terminé, on se retrouvait à nouveau dans la cave autour d'un verre de gros-plant et ça repartait. Au point qu'il arrivait à nos femmes de venir nous chercher. Et comme Raymond avait à la fois l'art de convaincre et celui de persuader, il finissait toujours par faire accepter son point de vue. Je dois dire que c'est en grande partie grâce à lui que je suis entré au GVA en 1964.

– Le GVA ?

– En 1961-1962, les chambres d'agriculture avaient recruté des conseillers agricoles qui avaient pour mission, au niveau départemental, de créer des groupements de vulgarisation agricole, des GVA. Ces groupements avaient pour objet d'aider les agriculteurs à mettre en œuvre les nouvelles techniques : engrais, ensilage, mécanisation, etc., susceptibles de permettre le développement de la production. C'est aussi à cette époque-là que je suis devenu... agriculteur.

– *Vous ne l'étiez pas déjà depuis une dizaine d'années ? Depuis que vous aviez quitté l'école ?*

– J'étais un paysan, certes, je travaillais la terre, je vivais sur une ferme, mais je n'étais que le fils de mon père ; socialement, je n'avais pas encore le statut d'agriculteur, d'exploitant agricole. En 1963, sur les quatorze hectares de la ferme familiale, j'en ai pris sept à mon compte. En fait, je continuais à gérer l'ensemble des quatorze hectares, mais mon statut reposait sur les sept dont je prenais la charge en mon nom propre. Cela me permettait d'avoir un statut officiel et donc de pouvoir recourir à toute l'infrastructure du monde agricole, ainsi qu'à la possibilité d'emprunter. Ce que j'ai fait tout de suite, afin de rembourser les dettes que mes parents avaient contractées. Des sommes d'ailleurs assez modestes, qu'ils avaient empruntées, qui plus est, à d'autres membres de la famille pour marier deux de mes frères et une de mes sœurs et les installer. En outre, mes parents ne voulaient pas que mes frères et sœurs, qui travaillaient à l'extérieur, contribuent avec leur salaire à la vie de la famille. Ils se sacrifiaient pour leurs enfants et trouvaient cela tout à fait normal. Ce n'est qu'à partir du moment où j'ai bénéficié du statut d'agriculteur que j'ai participé activement au GVA et que j'ai été suivi par le centre de gestion, qui m'a permis de maîtriser les comptes de mon exploitation. C'est aussi en

1963 que j'ai fait mes premiers pas dans l'univers de la mutualité, lorsque Raymond Dronneau m'a proposé de devenir secrétaire de la mutuelle incendie, la CRAMA[7]. J'allais chez les adhérents ou ils venaient me voir quand il s'agissait de modifier un contrat ou d'en établir un nouveau. J'allais aussi chez eux pour encaisser les cotisations. Parfois plusieurs fois, car ils n'étaient pas toujours là et on n'avait pas le téléphone pour prendre rendez-vous. Je devais parfois me rendre assez loin, car certains étaient propriétaires de bâtiments en dehors de la commune. Et à mes frais ! Tout juste m'attribuait-on une indemnité dérisoire qui ne couvrait même pas mes frais de déplacement : je circulais à moto à l'époque. La plupart des adhérents me payaient en liquide. Les chéquiers commençaient à apparaître, mais tous n'en avaient pas, loin de là. D'ailleurs, le conseiller bancaire du Crédit Agricole qui s'était installé à Montaigu avait le plus grand mal du monde à convaincre les gens d'ouvrir un compte. On aimait mieux garder l'argent à la maison que le déposer à la banque. Deux ou trois ans plus tard, après que le secrétaire de la mutuelle accidents eut cessé son activité, j'ai assumé aussi cette activité. J'allais la garder jusqu'en 1978.

---

7 Caisse régionale d'assurances mutuelles d'agriculture.

– Vous deviez pourtant avoir un emploi du temps assez chargé à la ferme.

– Sans aucun doute, mais c'est une question d'organisation. Et puis, mon frère Claude travaillait déjà sur l'exploitation au titre de l'aide familiale, je pouvais beaucoup me reposer sur lui. Cela dit, toutes mes activités me laissaient le temps de faire bien d'autres choses, à commencer par me marier, en 1964.

– N'était-il pas difficile pour un jeune agriculteur de trouver à se marier ?

– Difficile, oui, mais pas impossible. La preuve. En fait, nombre de jeunes femmes fuyaient la campagne en raison de l'absence de confort, des conditions de travail, de l'impossibilité, en général, de prendre des vacances, etc. Germaine, ma femme, était de la région et fille d'agriculteurs. C'est dire qu'elle choisissait la vie que je lui promettais en toute connaissance de cause. L'amusant de l'histoire, c'est que le lendemain de notre mariage, tout le village était en fête en notre honneur. Tout le monde était content pour moi, certes, comme on peut être content du bonheur de quelqu'un qu'on aime bien, mais au-delà de ma modeste personne, ce que fêtait le village, c'était le fait de voir un de ses enfants s'installer avec l'intention manifeste d'y faire sa vie. Un pied de nez, en quelque sorte, à ce mouvement de migration vers les villes, qui continuait à vider les campagnes. Cela dit, je me sentais à l'étroit dans mes sept hectares, je voulais développer mon exploitation. D'autant que mon frère, Claude, ouvrier agricole, revenait de l'armée à cette époque-là et que je souhaitais qu'il travaille avec moi. Il me fallait absolument trouver des terres.

– *À acheter?*

– Je n'en avais pas les moyens. À louer, seulement. Mais impossible d'en trouver jouxtant les miennes. Je les ai trouvées à cinq kilomètres de là : trente hectares de terres agricoles plus ou moins à l'abandon qu'il a fallu défricher et remettre en culture. L'intérêt de ces parcelles, c'est qu'elles avaient déjà été remembrées et convenaient parfaitement au nouveau matériel agricole. L'inconvénient, c'était leur éloignement, qui impliquait de nombreux trajets quotidiens. Beaucoup se demandaient si j'allais y arriver.

Le remembrement à Saint-Georges-de-Montaigu

Dans le bocage vendéen, les familles étaient souvent nombreuses. Au fil du temps et des successions, les terres avaient été divisées en petites parcelles d'une vingtaine d'ares, toutes clôturées par des haies et reliées par d'étroits chemins creux qui ne correspondaient plus à l'évolution de la technologie : les tracteurs et les nouvelles machines ne pouvaient pas évoluer sur ces parcelles, ni circuler sur ces chemins. Il fallait donc regrouper les terres et modifier les voies d'accès. La décision fut donc prise de procéder au remembrement sur une partie de la commune (l'autre partie, gérée par des notables et comprenant de vastes parcelles familiales, n'était pas concernée).

La décision ne fut pas facile à prendre. Les études sur plan par les experts agricoles, qui mettaient tout à plat et cherchaient à regrouper les parcelles le plus près possible des exploitations, n'étaient pas faciles à réaliser, mais cela n'était rien à côté de la difficulté de faire entrer dans les esprits ce qui constituait une véritable révolution mentale.

C'est que les terres étaient plus ou moins riches, plus ou moins grasses et, malgré les coefficients de correction qu'appliquaient les experts, personne ne semblait y trouver son compte. Et puis, pourquoi telle parcelle était ici juste à côté de l'exploitation, et telle autre là-bas à plusieurs centaines de mètres ? Et ce chemin creux, là, pourquoi fallait-il absolument le faire disparaître et le remplacer par une route ? L'agitation était grande dans les caves et il fallut à Raymond Dronneau dépenser bien de la salive pour arriver à convaincre les uns et à persuader les autres du bien-fondé de l'opération, qui ne dura finalement que trois ans, ce qui est assez peu si l'on considère l'ampleur du bouleversement.

Sans doute y eut-il quelques rancœurs, quelques jalousies, beaucoup se sentant – à tort – lésés quand personne ne s'estimait favorisé. Sans doute aussi l'arrachage des haies modifia-t-il temporairement un écosystème qui retrouva vite sa vigueur avec la plantation de nouvelles haies autour des nouvelles parcelles. Mais les plaies se cicatrisèrent dans les cœurs et les esprits presque aussi vite que sur le terrain, surtout quand chacun se rendit compte qu'il avait fallu en passer par là pour mécaniser véritablement l'agriculture, diminuer la part de travail manuel et augmenter la productivité des terres.

Finalement, vieilles parcelles et antiques chemins creux ne furent plus regrettés que des vieillards, qui avaient vu se remodeler tout leur paysage, et par… les amoureux, qui avaient vu disparaître ces petits chemins complices de leur intimité.

– Ces parcelles que vous aviez louées n'étaient somme toute distantes de l'exploitation que de cinq kilomètres, ce n'était quand même pas le diable Vauvert.

– Si je m'en étais tenu à l'élevage traditionnel, cela aurait fait très loin. Songez que, dans les petites exploitations, on menait les animaux en pâture et on les en ramenait deux fois par jour, car la traite se faisait trois fois par jour, matin, midi et soir. Pour ma part, j'utilisais déjà la technique de l'ensilage[8] pour les bovins. Sur les conseils des techniciens du GVA, j'avais aussi construit un hangar de stabulation, où les animaux étaient en liberté sur des aires paillées, et une salle de traite. Je possédais à l'époque une quarantaine de vaches, ce qui représentait quand même un troupeau assez important. Songez au temps que

8 L'ensilage est une méthode de conservation du fourrage qui a encouragé l'industrialisation de l'agriculture et l'élevage dense, hors-sol. Il est devenu au XXe siècle un élément essentiel des systèmes de polyculture-élevage.

ça m'aurait pris si j'avais dû le mener deux fois par jour à la pâture ! La traite à elle seule, à raison de douze litres de lait par jour et par vache, prenait une heure et demie chaque fois, trois heures par jour, lavage compris. Et encore ! On était passé de trois à deux traites par jour. Dans la salle de traite, les animaux étaient parqués, chacun dans son emplacement. Le trayeur, lui, était installé dans une fosse centrale, donc plus bas que les pis, dans une position beaucoup moins fatigante. Le lait n'était pas collecté comme aujourd'hui, où il va directement dans une grande cuve en inox. Il tombait dans des pots de vingt litres, qu'il fallait ensuite porter à l'entrée de la ferme, où le camion de la laiterie passait les collecter tous les matins. Par la suite, on a ménagé des accès à ces camions et ils ont pu s'approcher des salles de traite. Mais avant que ça ne se fasse, c'était chaque jour une vingtaine de bidons de vingt kilos qu'il fallait transporter à la force des bras. À propos de l'ensilage, il faut rappeler qu'il nécessite une récolte du fourrage au bon stade de développement et en un temps très bref, d'où une entraide entre les agriculteurs qui venaient, chacun avec son matériel, afin de réaliser l'opération en temps et heure. On a pu assister alors aux débuts de la mise en commun (et bientôt de l'achat en commun) de matériel. Ce que font aujourd'hui les CUMA, les coopératives d'utilisation du matériel agricole.

– J'imaginais tout à l'heure un emploi du temps chargé, je ne croyais pas si bien dire.

– Ce n'était qu'un début. À la même époque était mise en place l'AMEXA, l'Assurance mutuelle des exploitants agricoles dont, localement, les responsables m'ont demandé de gérer le compte. Pendant plusieurs années, le dimanche matin, j'ai rencontré les assurés, à qui je remboursais les frais médicaux qu'ils avaient engagés. Après la messe, je me rendais dans un café, qui appartenait d'ailleurs au fils du président de la mutuelle, et les adhérents venaient me voir. On parlait cotisations et prestations, j'étais là pour ça. En même temps, on discutait de tout, surtout de la vie à la campagne, et j'apprenais bien des choses sur la vie dans la commune. Heureusement, j'avais la chance, d'une part, d'avoir mon frère à la ferme, d'autre part d'avoir une épouse qui me comprenait et me soutenait dans mes activités. Surtout que la vie n'était pas simple à la maison, où nous cohabitions avec mes parents, que ma femme aidait beaucoup, mon frère, trois sœurs et ma grand-mère jusqu'en 1972.

– Si on fait le bilan de ces années-là, vous êtes donc à la tête d'une ferme de quatorze hectares – sept de vos parents plus les sept que vous aviez pris en responsabilité propre –, vous cultivez en outre trente hectares supplémentaires que

vous louez, vous avez construit un bâtiment pour l'élevage des bovins et une salle de traite, vous êtes un membre actif du GVA, et secrétaire local de la CRAMA et de l'AMEXA. J'en oublie ?

– Il faut ajouter quelques hectares supplémentaires que j'avais eu l'opportunité de louer, quelques bâtiments de plus et l'ADMR. On était venu me solliciter pour entrer à l'ADMR, l'Aide à domicile en milieu rural. J'en suis devenu président en 1970, mais je dois dire que c'était un engagement de couple.

– *Qu'entendez-vous par « engagement de couple » ?*

– Nous étions cinq couples à gérer en équipe le temps d'une aide familiale qui intervenait tant auprès de familles jeunes, en cas de maladie ou de maternité, qu'auprès de personnes âgées. Or, la vision des difficultés que peut rencontrer une famille, en particulier pour des raisons de maternité, est très différente chez les hommes et chez les femmes. Notre vision et notre analyse des problèmes étaient très enrichies par le point de vue de nos épouses. C'était essentiel qu'elles soient présentes à nos côtés.

– Soit. Je rajoute l'ADMR à la liste.

– Attendez pour la clore. En 1972, j'ai été élu au conseil d'administration de la CAIA Nord, la Coopérative agricole d'insémination artificielle du Nord-Vendée. En 1974, j'en suis devenu le secrétaire général en remplacement d'un notable local et, en 1977, le président. Par ailleurs, j'étais, je vous l'ai dit, au GVA depuis de nombreuses années. J'en suis devenu le président en 1972. Avec Raymond Dronneau, on a ensuite créé le Comité agricole de développement de la région Nord Bocage, qui regroupait plusieurs GVA et qui est devenu l'interlocuteur privilégié de la Chambre d'agriculture. J'étais aussi le président de cette structure. Puis, en 1976, j'ai été élu président de la Fédération départementale des GVA et, en 1978, de la FDGEDA, la Fédération départementale des groupes d'études et de développement agricole, qui lui a succédé.

– Et une présidence de plus !

– Ce n'est pas la dernière. En 1980, on est venu me chercher pour me proposer celle de la société de chasse de Saint-Georges.

– *Vous êtes chasseur ?*

– Je ne l'étais déjà plus à l'époque. Mais je l'avais été à mon retour de l'armée.

– *Qu'est-ce qui vous avait fait arrêter ?*

– D'abord, je l'avoue, j'étais un piètre chasseur. Le gibier n'avait pas grand-chose à craindre de mon fusil. Et puis, je ne pouvais pas tout faire. Mes diverses activités me prenaient déjà pas mal de temps et j'en avais de moins en moins à consacrer à ma famille. D'autant que la chasse se pratiquait surtout le dimanche, jour où je devais déjà consacrer du temps à rencontrer les mutualistes de l'AMEXA. Il me fallait choisir. J'ai donc sacrifié la chasse. C'était, je l'avoue, le sacrifice qui me coûtait le moins.

– *Dans ce cas, pourquoi est-on venu vous proposer la présidence de la société de chasse ?*

– Si je ne pratiquais plus la chasse, j'en connaissais quand même la problématique, en particulier les tensions qui se faisaient jour à l'occasion entre chasseurs et propriétaires. Je savais parfaitement ce qu'elle représentait pour les hommes et pour l'environnement. En outre, j'étais propriétaire de quelques lopins de terre. Je pouvais donc appréhender les problèmes avec une double casquette et, peut-être, apaiser les frictions entre les uns et les autres.

– *La chasse est aujourd'hui souvent critiquée, voire vilipendée par certains, qui n'y voient qu'une activité barbare, archaïque et dangereuse.*

– Que certains chasseurs se comportent comme des sauvages, j'en conviens. Comme partout, il existe des brebis galeuses incapables de respecter une certaine éthique. Mais d'une manière générale, le chasseur n'est pas ce viandard assoiffé de sang et de meurtres que d'aucuns nous dépeignent complaisamment. Dans nos campagnes, on a besoin de lui pour réguler le développement des animaux sauvages et les sociétés de chasse sont les instruments privilégiés de cette régulation. On le voit quand on est obligé d'organiser des battues pour réduire le nombre de sangliers ou de lapins qui ont proliféré ici ou là et qui peuvent devenir de véritables calamités pour les cultures. À l'inverse, il y a quelques années, suite à des maladies, les lièvres avaient pratiquement disparu de nos régions. C'est grâce à l'intervention des sociétés de chasse qu'on a pu sauver l'espèce et lui donner les moyens de se reconstituer.

– Président de la société de chasse. On arrête là le palmarès ?

– Je ne l'ai été que quelques années. En 1983, j'ai été élu à la Chambre d'agriculture, qui comportait trois collèges : celui des exploitants, celui des propriétaires et celui de l'organisation agricole. Exploitant, j'aurais pu postuler dans le premier collège, mais comme j'étais responsable de divers organismes, c'est dans le dernier que j'ai été élu comme secrétaire adjoint. À ce titre, j'étais président de la commission économique, qui réunissait les acteurs économiques du secteur, à savoir les coopératives, les groupements de producteurs, les entreprises d'approvisionnement et de transformation des produits agricoles, ainsi que certaines entreprises privées liées au secteur agricole. C'était un lieu de réflexion où l'on analysait les difficultés du monde agricole, où l'on cherchait les moyens de les résoudre et dont les conclusions nourrissaient les décisions de la Chambre d'agriculture. En 1989, j'ai été réélu, toujours dans le même collège, où l'on m'a demandé de suivre le dossier du SUAD, le Service d'utilité agricole et du développement, qui gérait les conseillers agricoles travaillant dans le GVA à la diffusion des nouvelles techniques d'agriculture. En même temps, durant toute cette période, j'étais aussi membre de la Chambre régionale d'agriculture ainsi que du conseil d'administration (depuis 1982) de la FNGEDA[9], au bureau de laquelle je suis entré en 1985, avant d'en devenir trésorier et, en 1988, vice-président. En 1985, je suis devenu président de la FRGEDA[10]. Pendant ces mêmes années ont été réunies la CAIA nord et la CAIA sud ; je suis devenu président de la nouvelle structure et, en 1988, de celle qui réunissait alors la CAIA Vendée et la CAIA Charente-Maritime. Enfin, en même temps, j'étais membre de l'UNCEIA, l'Union nationale des coopératives d'élevage et d'insémination animale.

---

9 Fédération nationale des groupes d'études et de développement agricole.

10 Fédération régionale des groupes d'études et de développement agricole.

La CAIA

Coopérative agricole d'insémination artificielle

Si, traditionnellement, la vache la plus commune en Vendée était la parthenaise, à la couleur froment clair ou foncé, voire grise, on l'a de plus en plus remplacée par des races plus laitières, en particulier la FFPN, la Française frisonne pie noire, appelée ainsi en raison de la couleur de sa robe, plus connue sous le nom de holstein. En réalité, la FFPN était au départ une vache hollandaise croisée avec la holstein et qui avait aussi du sang américain et canadien. Ces différents croisements avaient permis d'en augmenter le gabarit et donc la production laitière. Avec d'autres agriculteurs, j'étais allé en acheter en Normandie et dans le Bordelais. La CAIA récoltait de la semence de taureau, qu'elle congelait et stockait avant de la mettre à la disposition des inséminateurs professionnels, qui l'utilisaient au moment de la fécondation.

En fait, si la FFPN composait l'essentiel du cheptel vendéen, la CAIA utilisait aussi des taureaux de différentes races, comme la charolaise ou la normande, en fonction des besoins des différents éleveurs. Si la semence était parfois importée d'autres centres, la CAIA Vendée élevait aussi une trentaine de taureaux. Il existait deux centres : l'un à Saint-Cyr-des-Gâts pour le sud, et l'autre à La Roche-sur-Yon pour le nord, dont j'étais le président. Enfin, il en existait un autre en Charente-Maritime. Ces trois centres ont fusionné et se sont regroupés à La Roche-sur-Yon, sur un terrain de quatorze hectares, où l'on élevait une soixantaine de taureaux.

En raison de son emplacement, le centre a attiré l'attention d'une société qui souhaitait y installer un centre commercial. Les tractations ont duré sept ans et, finalement, la CAIA a déménagé au sud de La Roche-sur-Yon. Les tractations avaient duré sept ans, la construction du nouveau centre, sept mois, et le déménagement, sept jours.

– Les institutions agricoles, la mutuelle locale, la société de chasse, que sais-je encore, on dirait le parcours d'un futur candidat à la députation qui tisse ses réseaux d'influence. Vous n'avez jamais été tenté par la politique ?

– Tout dépend de ce que vous entendez par « politique ». En 1982, Raymond Dronneau, qui était maire de la commune, est décédé. Il y a donc eu une nouvelle élection partielle au sein du conseil municipal et c'est son premier adjoint qui lui a succédé. L'année suivante, lors des municipales, j'ai créé ma propre liste. C'était la première fois qu'à Saint-Georges, les électeurs pouvaient choisir leurs élus sur une autre liste que celle du maire ; deux listes qui d'ailleurs n'étaient même pas opposées – je n'avais rien contre le maire – mais parallèles et complémentaires.

– Il est étonnant, vu les liens que vous entreteniez, que Raymond Dronneau n'ait jamais fait appel à vous.

– Peut-être justement estimait-il que nous étions trop proches. D'autant plus que nous l'étions géographiquement.

– Le fait d'être voisins était un obstacle ?

– Dans une commune comme la nôtre avec de nombreux hameaux éparpillés, il était important de laisser à chacun sa chance d'être représenté au conseil municipal et de ne pas donner l'impression que l'un pouvait l'être au détriment des autres. Toujours est-il que lorsque j'ai présenté ma liste, on a eu quatre élus et je me suis retrouvé troisième adjoint, mais sans fonction bien définie, car je ne faisais pas partie de la liste majoritaire. Si bien que, puisqu'on ne m'avait pas confié de secteur d'action particulier, j'ai demandé, la dernière année de mon mandat, à ne plus percevoir mon indemnité de maire adjoint. Je ne vous cache pas que ça a fait jaser et que certains, y voyant une manœuvre de ma part, ont pensé que je visais le poste de maire. Ce qui n'était pas du tout le cas. Ça l'était si peu d'ailleurs que, lors de la campagne de 1989, je me suis présenté sur la liste du maire sortant et, cette fois-ci, je me suis retrouvé premier adjoint, délégué à la voirie et à l'urbanisation, donc en charge du dossier de rénovation du bourg. Un dossier presque aussi sensible que celui du remembrement, je vous prie de le croire, et qui m'a valu bien des critiques. Petite précision : durant ces deux mandats, je siégeais au conseil de district et, de 1989 à 1995, j'assumais la présidence de la commission chargée du développement touristique. Enfin, en 1995, le maire ne se représentant pas, mon beau-frère, qui était alors deuxième adjoint, a monté une nouvelle liste, dont je faisais partie. Mais quelques jeunes conseillers municipaux m'appréciaient assez peu et j'ai été battu. Là s'est arrêtée ma carrière « politique ». J'avoue que je l'avais un peu amère, car je m'étais beaucoup investi au cours du deuxième mandat.

– *Vous affichiez tout de même une couleur politique, la bannière d'un parti ?*

– Même pas. Il faut savoir que dans les petites communes, les élections municipales ne sont pas des « scrutins de liste » comme dans les grandes villes. Ici, on vote pour des personnes, pas pour une étiquette. La notion de « politique » n'y a peut-être pas le même sens que celui qu'on lui donne généralement dans les médias.

– *Ce n'était peut-être pas de la politique « politicienne », mais c'était de la politique au sens étymologique du mot, à savoir la science qui s'occupe de la « polis » grecque, des choses de la cité. Cela dit, on ne peut qu'être surpris d'autant de participations et même de présidences de divers organismes en plus de votre exploitation, qui devait quand même vous prendre pas mal de temps, et aussi d'une vie de famille qui devait en pâtir. Qu'est-ce qui faisait courir Eugène Guibert ? Ce n'était pas l'argent, puisque toutes ces fonctions étaient bénévoles.*

– Je crois que ma première motivation était peut-être simplement de faire évoluer nos structures traditionnelles, d'être un véritable acteur de cette évolution. Vous savez, je crois bien n'avoir jamais calculé mes positions, mes postes, mes responsabilités. J'avais envie de me mettre au service de la collectivité. Je n'ai jamais fait de « plan de carrière », comme on dit. L'idée même m'en était totalement étrangère. Des occasions se sont présentées, je les ai saisies, ça ne va pas plus loin. Peut-être que j'étais plus disponible, ou du moins que je savais me rendre plus disponible que d'autres.

– N'y avait-il pas aussi une certaine ambition, un désir peut-être inconscient de revanche sur le destin ?

– « L'ambition » ? Un bien grand mot pour si peu de chose.

– Le « si peu de chose » me semble très discutable. Ici, ambition est à prendre au sens noble du mot. L'ambition, quand elle n'est pas pervertie par l'arrivisme, est une qualité, un moteur qui fait bouger les hommes. Vous avez dit que vous regrettiez dans votre enfance que votre père ne soit pas plus dynamique, plus porteur de projets ; que votre famille n'avait pas l'image ou le statut que vous auriez souhaité. N'y a-t-il pas eu, dans votre activisme, votre volontarisme, le désir de prouver aux autres comme à vous-même que votre famille méritait mieux que cette place secondaire dans laquelle on l'avait longtemps cantonnée ?

– Il y a sans doute un peu de ça, c'est vrai. J'avais, je crois, le besoin de trouver ma place dans la société. Non pas pour la dominer, mais au moins pour être au même niveau que les autres. J'avais vraiment la conviction que le monde de l'agriculture, dans lequel je m'étais engagé tout jeune, était en pleine mutation, qu'il fallait donner aux agriculteurs la place et la reconnaissance qu'ils méritaient dans la société. Il était pour moi hors de question de rester à l'écart de ce mouvement. Il fallait absolument bouger. Et bouger dans le bon sens. En fait, pour résumer, je crois bien que je voulais changer de vie.

– Je conçois que vous vouliez changer de vie. J'ai surtout le sentiment que vous souhaitiez, à votre niveau, changer

la vie. Vous aviez envie de participer au mouvement, c'est incontestable, mais reconnaissez que vous aviez aussi envie d'y faire participer les autres.

– La maison de l'agriculture, si vous me permettez cette image, était alors en pleine reconstruction – comme elle l'est à nouveau aujourd'hui, d'ailleurs – mais je n'étais pas, loin de là, le seul maçon ; chacun apportait sa pierre à l'édifice.

– *Vous étiez contremaître ou, à tout le moins, chef d'équipe.*

– J'aime mieux chef d'équipe. C'est vrai que plusieurs s'engageaient, mais à des degrés divers. Certains étaient plus actifs que d'autres ; je crois que je faisais partie des premiers. Ce n'était pas toujours facile, le temps que j'y consacrais était pris sur la vie de famille. Il est probable que peu de gens s'engageraient dans l'action aujourd'hui comme nous le faisions à l'époque. Pourtant, tous ces organismes qui aident et défendent les agriculteurs sont plus que jamais nécessaires. La ferme de nos parents et de nos grands-parents est désormais une exploitation agricole, une véritable entreprise qui doit être gérée comme telle. Les investissements en terres et surtout en matériel, la gestion financière, les réglementations de plus en plus nombreuses et tatillonnes et donc la paperasserie aussi, hélas !, ajoutés au travail agricole lui-même, qui est déjà très lourd malgré les progrès de la mécanisation, ont rendu la profession encore plus compliquée qu'elle ne l'était naguère. D'autant que le problème du célibat des agriculteurs n'a pas disparu, bien au contraire. Les femmes restent peu attirées par une vie d'agricultrice ou, plus simplement, d'épouse d'agriculteur. Si, à tout cela, vous ajoutez que les agriculteurs se sentent culpabilisés, voire menacés dans leur existence même, vous mesurerez combien la profession est aujourd'hui peu attractive.

– Il y a dans le tableau que vous nous brossez de quoi décourager bien des bonnes volontés. On comprend mieux pourquoi plus de la moitié de la population mondiale vit aujourd'hui dans les villes. Et le mouvement, semble-t-il, devrait s'amplifier dans les années à venir.

– Il ne faut pas non plus le noircir exagérément. En même temps, on voit venir à l'agriculture des jeunes gens qui ne sont pas originaires du monde agricole. Ils ont suivi une formation dans des lycées agricoles, parfois même à l'INA[11], et choisissent délibérément le métier d'agriculteur malgré toutes ses difficultés. Ils en connaissent toutes les

11 Institut national d'agronomie.

contraintes, mais ils savent aussi qu'ils vont y jouir d'une liberté d'action qu'ils n'auraient pas dans une usine ou une grande société. Ils savent qu'ils seront leur propre patron.

– Ils n'ont pas peur de la solitude ?

– Elle est beaucoup moins lourde qu'autrefois. Certes, comme je vous l'ai dit, sur le plan personnel, il est toujours difficile pour un jeune agriculteur de trouver à se marier. Certains, ne trouvant pas de femme agricultrice, épousent une jeune femme qui travaille à l'extérieur de l'exploitation et perçoit donc un salaire plus garanti que celui de son mari. Mais cet apport, s'il est à la fois appréciable et sécurisant, pose parfois problème. Certains agriculteurs ont du mal à supporter l'idée que, malgré l'énorme travail qu'ils fournissent sur l'exploitation, ils ne sont pas en mesure de financer la vie de famille à parts égales avec leur épouse.

– Sans compter qu'il leur est difficile de s'absenter, de prendre des vacances.

– C'est moins vrai qu'autrefois. Déjà, en ce qui nous concerne, ma femme et moi, nous avons toujours eu à cœur de prendre tous les ans une semaine de vacances avec Maryline, notre fille. Une semaine, ça paraît peu là où tant d'autres ont cinq semaines de congés, mais ce n'est pas négligeable. En plus, aujourd'hui, ont été créés des services de remplacement en cas d'accident ou de maladie et les exploitations se regroupent souvent à plusieurs, en GAEC, en Groupements agricoles d'exploitation en commun.

– Il n'en demeure pas moins qu'ils doivent être à la fois agriculteurs et chefs d'entreprise, c'est quand même une charge très lourde et très complexe. Ces jeunes qui s'installent aujourd'hui dans les campagnes la mesurent-ils vraiment ?

– D'abord, comme je vous l'ai dit, ils ont une formation de base, ils ne s'improvisent pas agriculteurs. En outre, avant de s'installer à leur compte, ils font des stages de formation, ils se confrontent à la réalité du métier. Par la suite, les centres de gestion, qui sont payants, certes, mais pas plus qu'un expert comptable pour un commerçant, sont là en permanence pour les aider à se frayer un chemin dans le maquis administratif. Et puis, la solidarité paysanne n'est pas un vain mot.

– Je veux bien le croire, si j'en juge par tous les organismes que vous avez énumérés et dont vous avez été président.

– Ce sont là des institutions. Elles sont nécessaires et utiles pour limiter les risques d'échec. Mais ce n'est pas à cette solidarité-là que je pensais. Je faisais allusion à cette solidarité spontanée qui réunit tout le monde pour aider celui qui se trouve en difficulté. Tenez, en 1976, par exemple. Ce fut une année de sécheresse exceptionnelle : les agriculteurs vendéens ne purent obtenir toute la paille sur laquelle ils comptaient et les récoltes de maïs furent catastrophiques. Le syndicalisme agricole a alors organisé dans l'urgence des échanges avec les départements céréaliers, qui ont fourni la paille nécessaire, tandis que d'autres groupes se rendaient dans les départements riches en maïs, en ramenaient des quantités, le broyaient et le répartissaient.

– L'esprit de corps n'a donc pas disparu ?

– Pas le moins du monde. Mais la solidarité dépasse aussi parfois les frontières corporatives. En 1981, on a connu en Vendée une pluviométrie telle que la terre détrempée empêchait l'utilisation des moyens mécaniques habituels pour la récolte du maïs. Qu'à cela ne tienne ! Une récolte à la main, à la faucille, s'est organisée spontanément et pas seulement entre agriculteurs. On a vu la population locale se mobiliser pour venir en aide aux agriculteurs et participer largement à cette récolte, coupant le maïs à la main et le portant à dos d'homme jusqu'à la route, où les remorques pouvaient prendre le relais. Vous voyez qu'en cas de besoin, la solidarité n'a pas besoin de structures organisées pour s'exprimer. Il existe de véritables gisements de solidarité qui ne demandent qu'à émerger. C'est d'ailleurs le défi auquel nous sommes confrontés aujourd'hui dans la mutualité. Je suis convaincu que ces mêmes gisements existent aussi dans notre jeunesse. Toute notre difficulté est de les révéler, de savoir solliciter les jeunes gens pour qu'ils en fassent jaillir ces trésors de solidarité dont ils sont porteurs.

– Ce qui frappe aussi dans votre parcours, c'est que vous vous êtes retrouvé dans de nombreux organismes, et souvent à des postes à responsabilité puisque la plupart du temps vous en avez assumé la présidence. Pourtant, cela n'a jamais dépassé le niveau local, comme si vous vous étiez interdit de viser plus haut, à un niveau régional, voire national.

– Ce n'est pas tout à fait vrai. En ce qui concerne la région, je vous ai dit que j'avais été président de la FRGEDA, membre de la Chambre régionale d'agriculture et, au niveau national, que j'avais siégé un temps au conseil d'administration de la FNGEDA avant d'en devenir le trésorier, puis le vice-président. J'ai aussi siégé un temps au conseil d'administration de l'UNCEIA [12]. Cela dit, je reconnais que je n'ai jamais été tenté par une véritable carrière nationale, que l'on m'a d'ailleurs proposée et que j'ai refusée.

– *Vous en aviez pourtant l'envergure.*

– Je n'en suis pas sûr, mais outre le fait que je suis trop attaché à ma terre de Vendée pour avoir eu la moindre envie de mener une carrière essentiellement parisienne, je crois qu'en dépit des diverses responsabilités que j'ai pu assumer au cours de ma vie, je suis resté un homme de terrain. Une trop lourde responsabilité nationale m'aurait inévitablement éloigné, aurait distendu ce lien social auquel j'ai toujours tenu et aurait estompé, voire réduit à néant cette proximité sociale pour laquelle je me suis toujours battu et je me bats encore, hier au sein des instances agricoles, comme aujourd'hui encore au sein de la mutualité.

---

12 Union nationale des coopératives d'élevage et d'insémination animale.

Éléctions municipales

du 6 mars 1983

Commune de
Saint-Georges-de-Montaigu

Union pour le développement communal

Électrices, Électeurs,

Pourquoi cette liste ?

Elle se veut d'abord parallèle à la liste sortante, non opposante, constructive.

Aucune discussion préalable n'ayant pu s'établir, il nous est apparu opportun et indispensable de vous offrir la possibilité de mettre en place une équipe solide, unie, compétente, dynamique.

Cette équipe est indispensable en cette période de difficultés et d'incertitudes, pour maintenir le bon développement communal auquel nous sommes tous intéressés.

C'est ensemble, en utilisant les moyens mis à notre disposition, que nous continuerons le Développement communal.

Seule notre équipe, réunie autour des responsables déjà actifs au niveau départemental, peut maintenir le rayonnement que Saint-Georges a connu ces dernières années.

Notre propos n'est pas de vous faire des promesses électorales, mais de vous présenter les grandes lignes et la priorité de l'action que nous comptons mener avec vous pour Saint-Georges.

Mise en place d'une équipe aux origines diverses et aux compétences complémentaires, prête à fonctionner.

Mise en place de commissions extra-municipales pour faire participer plus largement l'ensemble de la population aux projets, études et réalisations.

Maintenir et développer les activités professionnelles, artisanales, commerciales, agricoles, créatrices d'emplois et indispensables au développement économique de la commune.

Maintenir notre participation active au sein du District qui doit compléter notre action municipale en matière de grands investissements créateurs d'emplois.

Aider et promouvoir la vie associative, élément capital au maintien de l'identité de Saint-Georges. Action vers le troisième âge pour le maintenir présent dans la commune. Action à l'intéressement et au développement des activités sportives.

Maintenir un équilibre harmonieux entre bourg et villages.

Améliorer et développer l'information par la création et la diffusion régulière d'un bulletin communal en liaison avec les associations.

Nous voulons avant tout animer et faire participer l'ensemble de la collectivité à la vie communale.

Les projets n'en seront que plus réalistes, les réalisations plus fiables répondront ainsi mieux à votre attente.

Afin de mettre en place ce programme, nous avons constitué une liste volontairement non complète de candidats jeunes, dynamiques et responsables, vous laissant le choix d'y ajouter des personnes que vous jugerez compétentes.

Faites-leur confiance.

– Pour revenir au monde mutualiste, vous êtes donc, en 1962, le correspondant local de l'AMEXA.

– Pas seulement. Quand je suis entré à l'AMEXA, on m'a aussi demandé d'entrer au bureau de la mutuelle locale, la Société de secours mutuels de Saint-Georges-de-Montaigu, dont je n'étais jusque-là qu'un adhérent. J'y suis resté jusqu'en 1977. J'y menais différentes actions, comme distribuer le courrier ou apporter les invitations aux assemblées trimestrielles. En 1976, Amand Bellamy, qui en était président depuis 1946, à l'occasion du banquet du centenaire de la Société de secours mutuels de Saint-Georges-de-Montaigu, a annoncé qu'il souhaitait passer la main et m'a demandé de lui succéder. J'ai accepté à condition que je puisse choisir mes collaborateurs. Le 1er janvier 1977, j'ai été élu par l'assemblée générale et j'ai complètement rénové l'équipe dirigeante en faisant entrer au bureau quatre femmes, dont la trésorière, Yvonne Durand, ce qui était nouveau dans cet univers très masculin, ainsi qu'un jeune homme, Claude Arnaud, qui a été chargé du développement et de l'informatique ; d'autres jeunes gens nous ont rejoints.

– *Vous aviez l'accord de principe d'Amand Bellamy, mais les autres membres du bureau n'ont pas fait de difficulté pour abandonner leurs postes ?*

– Aucune. Les anciens ont décidé spontanément de laisser leur place.

– *C'est surprenant.*

– Pas tellement. La plupart des administrateurs étaient en place depuis une trentaine d'années, en fait depuis la guerre. Ils sentaient bien qu'une évolution était nécessaire et que le règlement trop strict des anciennes sociétés de secours mutuels n'était plus aussi facilement accepté par les nouvelles générations. Ils ont préféré passer la main.

– *Quelle était au juste votre place dans l'organisation de la mutualité au niveau départemental ?*

– Toutes les mutuelles locales, y compris celles de la fonction publique, étaient regroupées à l'époque dans l'Union mutualiste de Vendée. Ses membres tenaient leur congrès annuel dans différentes villes, où ils se rendaient accompagnés de leurs épouses. La journée commençait toujours par le dépôt d'une gerbe au monument aux morts de la ville qui accueillait le congrès, en reconnaissance à ses défunts, puis avait lieu le défilé des bannières.

Au-delà de ces moments festifs, l'Union mutualiste proposait des services aux mutuelles, dont la possibilité d'adhérer à une caisse de réassurance pour les mutuelles locales. Une société de secours mutuels n'étant pas à l'abri d'un incident de parcours, accident lourd d'un adhérent par exemple, cette caisse de réassurance représentait un gage de solvabilité pour la mutuelle. Bien entendu, cela représentait aussi un coût pour la mutuelle, toujours trop élevé, et était souvent le sujet et la cause de débats parfois houleux avec le directeur de l'époque.

– *Mais sans pour autant quitter l'Union mutualiste.*

– Évidemment. L'Union réunissait toutes les mutuelles et gérait la caisse de réassurance de la nôtre. Deux fois par an, le directeur de l'Union, accompagné de deux ou trois responsables, organisait une réunion de secteur qui regroupait les mutuelles locales de plusieurs cantons, au cours de laquelle les adhérents étaient informés de l'évolution de la mutualité ainsi que de celle des cotisations et des prestations. La comptabilité, elle, était encore tenue à la main dans de gros cahiers noirs et nous avions des difficultés à recruter de jeunes responsables prêts à se plier à des méthodes de gestion et à des règlements, il faut bien le dire, un peu surannés.

– On en était encore localement aux sociétés de secours mutuels. Ce seul nom évoque une autre époque, une autre image de la mutualité.

– C'est exact, mais déjà étaient évoquées des possibilités de regroupement. D'autant que l'Union mutualiste, qui commençait à s'informatiser, préparait déjà les appels de cotisation pour les mutuelles qu'elle regroupait et il nous en coûtait – à tous les sens du mot – d'externaliser une part de notre gestion.

– Vous défendiez votre « petite entreprise » ?

– Nous défendions notre autonomie. Tout en ayant conscience, nous n'étions pas aveugles, que nous devions nous regrouper. C'est ainsi qu'en 1988 est née la Mutuelle des Deux Maines, qui regroupait la mutuelle des Brouzils et celle de Saint-Georges. Nous savions que plus forts, nous aurions plus d'indépendance vis-à-vis de l'Union. D'autant que nous avions appris, dans une réunion de secteur, qu'une autre mutuelle s'était déjà informatisée. Comme nous avions au bureau un jeune homme, Claude, qui s'intéressait à l'informatique, nous avons décidé d'en faire autant et nous nous sommes équipés en conséquence.

– On a du mal à comprendre aujourd'hui, où l'ordinateur s'est complètement banalisé et où nous vivons dans un monde numérique, qu'il y a une trentaine d'années à peine, vous vous lanciez dans « l'aventure informatique ».

– C'est vrai, mais songez que le premier PC n'est arrivé qu'au début des années quatre-vingt et qu'il n'avait pas, bien loin de là, la mémoire et la puissance du téléphone portable que vous avez dans la poche. En quelques décennies, c'est bien plus qu'une évolution que nous avons connue, c'est une véritable révolution, que l'on mesure d'autant moins que les ordinateurs sont omniprésents aujourd'hui dans notre vie quotidienne.

– Récupérer la gestion, c'était une façon de rester plus proches de vos adhérents.

– C'était surtout le moyen de garder à notre mutuelle une dimension humaine, de cultiver ce lien social qui avait toujours existé avec nos adhérents et que nous craignions de voir sinon disparaître, du moins se diluer dans une structure plus anonyme. C'est dans le même esprit que nous avons ouvert un bureau de la mutuelle à Saint-Georges. On a engagé à temps partiel une personne, Isabelle Grelaud, laquelle a d'ailleurs été recrutée à nouveau plus tard lors de la fusion départementale, qui y était présente au début quatorze heures par semaine. Elle est toujours dans la mutuelle, où elle travaille aujourd'hui dans le secteur commercial. Moi-même, à la retraite, je passais au bureau deux ou trois fois par semaine.

– *Vous n'étiez plus agriculteur à ce moment-là ?*

– J'avais pris ma retraite en 1998, à 62 ans. Mais depuis un certain temps déjà, je m'étais désengagé de nombre de mes responsabilités dans l'agriculture et consacrais plus de temps et d'énergie à la mutuelle. Cela dit, pour l'anecdote, c'est aussi en 1998 que j'ai appris que j'étais proposé pour la croix de chevalier du Mérite agricole, croix que m'a remise en novembre Joseph Gaborit, le président de la Chambre d'agriculture. Pour en revenir à nos rapports avec l'Union mutualiste, ce mode de fonctionnement, s'il nous convenait parfaitement, était aussi source de conflits. De son côté, elle ne voyait pas d'un très bon œil une de ses mutuelles manifester des volontés d'émancipation, du nôtre, on ne goûtait guère le fait d'avoir à payer – en vertu d'une convention que nous avions signée avec elle – un travail que nous faisions désormais nous-mêmes. Mais nous ne pouvions pas dénoncer les liens qui nous attachaient à elle, car elle demeurait notre groupe de réassurance.

– *Un pied à l'intérieur, l'autre à l'extérieur, votre position devait être assez inconfortable.*

– Elle était surtout paradoxale. En tant que membre du Conseil de l'Union mutualiste, j'étais censé pousser les petites mutuelles comme la nôtre à l'intégration, sinon à la fusion. En même temps, en tant que président de la mutuelle locale, je revendiquais haut et fort le droit à l'autonomie.

– *Vous aviez en effet, disons, les fesses entre deux chaises. Mais est-ce à dire que vous teniez un double langage ?*

– Je ne crois pas. En fait, et cela a toujours été mon souci primordial, non sans difficultés parfois, j'ai toujours veillé à préserver l'équilibre entre ces deux conceptions : l'union, voire la fusion, et la proximité, le lien social au niveau local. Mais je n'étais pas le seul : le vice-président de l'Union lui-même, Henri Pasquiet, se tenait sur la même position que moi et même avec encore plus de ténacité, comme la suite l'a prouvé. En 1989 s'est mis en place

ATV, Anjou-Touraine-Vendée, pour une mise en commun de nos moyens techniques. Dès le début des années quatre-vingt-dix germait l'idée d'une plus grande intégration dans les structures, ce qui ne plaisait pas à tout le monde. Certains ne manquaient pas de souligner la perte d'autonomie que représentait cette intégration.

– *Je suppose que vous faisiez partie des récalcitrants ?*

– Nous étions cinq ou six mutuelles qui nous demandions si cette intégration ne signifiait pas la disparition de ce lien social auquel nous tenions tant. Au point qu'aux yeux du directeur de l'Union, nous étions en train de créer une baronnie.

– *C'en avait tout l'air, vous ne pouvez le nier.*

– C'était une place forte où nous nous abritions derrière le rempart de nos convictions. Mais elle n'était pas inexpugnable. La preuve, c'est que nous avons fini par nous ranger derrière la bannière de la fusion. À l'exception notable du vice-président, qui a gardé sa mutuelle, dont il est toujours président et qui a gardé sa « proximité » avec ses adhérents.

– *Vous semblez regretter de n'avoir pas fait comme lui.*

– Pas du tout, je ne suis pas homme à regarder en arrière. Mais ce débat que je porte et que je nourris depuis tant d'années n'est toujours pas résolu. Quel est le juste équilibre entre la fusion dans de grandes structures qui éloignent de l'adhérent et la mutuelle à taille humaine, si j'ose dire, qui maintient le lien social de proximité ? La réponse n'est pas simple et l'on doit s'interroger. Pour moi, une mutuelle nationale dirige, gère et organise. Le niveau local avec des délégués locaux agit et crée le lien social de proximité. La véritable question est peut-être, au fond, de savoir quelle est la dimension optimale d'une mutuelle.

– *Si tant est qu'elle existe.*

– On ne peut le décider de façon arbitraire. Dans une société de plus en plus complexe, la réflexion doit prendre en compte une foule de paramètres. Il n'en demeure pas moins que nous devons toujours garder cette question à l'esprit si nous ne voulons pas foncer dans le brouillard. C'était déjà notre préoccupation à l'échelon départemental.

Remise des bannières

le 25 mai 2009 à l'Historial de la Vendée aux Lucs-sur-Boulogne

Monsieur le Vice-Président du conseil général, Monsieur Souchet

Nous retrouver dans ces lieux de mémoire où est retracée l'histoire de la Vendée et des Vendéens est pour nous un honneur. Au nom de la Mutualité française Vendée et de son président, Michel Caillet, merci de nous avoir permis de faire participer l'ensemble de ses délégués à son assemblée générale ici même, lieu d'histoire et de mémoire. On retrouve ici la vie des hommes et des femmes de notre terroir, de ceux et celles qui nous ont précédés. Savoir ce que l'on est et d'où l'on vient nous permet de construire sans renier le passé. Les Mutuelles de Vendée, dans le groupe Harmonie Mutualité, aujourd'hui Harmonie Vendée, restent très attachées à leur territoire.

Les mutuelles de Vendée ont toutes une histoire vieille de plus de cent cinquante ans. Les premières mutuelles professionnelles et locales ont été créées vers 1840. La mutualité de Vendée a tenu à marquer le centenaire de son institution en septembre 2005 par le défilé de toutes ses bannières dans les rues de La Roche-sur-Yon, bannières remises en état par une équipe de couturières bénévoles venant des mutuelles locales. Ce fut aussi l'occasion de publier le livre Force des Solidarités vendéennes, qui retrace l'évolution sociale vendéenne et la contribution des mutuelles à l'évolution de notre société.

Chaque bannière a son histoire. Si elles pouvaient parler, elles auraient sans doute bien des choses à nous dire. Souvent logées à la mairie, elles étaient présentes à toutes les manifestations locales, elles accompagnaient les défunts mutualistes jusqu'à leur dernière demeure, elles faisaient partie de la vie locale. Elles pourraient nous dire beaucoup de choses sur les débats de ces sociétés dites de secours mutuels. Le livre Force des Solidarités vendéennes en reprend certains. C'est ainsi qu'on y retrouve une bannière interdite d'accompagner le défunt dans l'église après avoir participé à un enterrement civil. Que de débats internes pour son retour à l'église ! Bien d'autres faits pourraient être cités, c'est dire que nos mutuelles sont de véritables sociétés démocratiques où chacun a la possibilité de s'exprimer.

La vie démocratique de ces mutuelles regroupées au sein d'une union départementale leur a permis de créer une solidarité entre elles et de s'adapter à l'évolution de l'environnement. Aujourd'hui, notre champ de solidarité s'agrandit là aussi pour s'adapter et être toujours présent dans cette solidarité sociale et démocratique.

Aujourd'hui, le groupe Harmonie Mutualité auquel nous appartenons, c'est 1,4 million de personnes protégées ; c'est huit cents délégués répartis dans neuf territoires. Pour être présent là où se prennent les décisions, il nous faut cette dimension nationale. Dans le même temps, nous avons la ferme volonté de garder une accroche territoriale, c'est là que se vit la véritable solidarité et le lien entre les hommes et les femmes. Ainsi, nous participons à la vie sociale de proximité et nous conservons ce qui était à l'origine notre présence dans le territoire.

Voilà rapidement brossée notre histoire. On peut retrouver la vie de chaque société de secours mutuels aux archives départementales.

Et maintenant, nos bannières à tour de rôle vont trouver place dans ce lieu d'histoire. Exposées aux visiteurs, elles rappelleront l'histoire. Le symbole des deux mains qui se serrent rappelle l'amitié, la fraternité et la solidarité ; la fraîcheur entretenue de ces bannières rappellera que les mutuelles ne vieillissent pas.

Merci, Monsieur Souchet, d'accepter, au nom du Conseil général, l'exposition de nos bannières dans ce lieu qui rappelle l'histoire. Elles rappelleront que les mutuelles ont participé à ce qu'est aujourd'hui la Vendée. Avec Marcel Augereau, trésorier des Mutuelles de Vendée et aussi vice-président de la Mutuelle Val-de-Sèvres, nous allons avec vous signer cette convention de mise à disposition de nos bannières. C'est un partenariat qui s'ajoute à d'autres avec le Conseil général, avec lequel nous entretenons des relations pour des actions mutualistes. Les uns et les autres, nous sommes convaincus que c'est dans la proximité que sont nos origines et nos valeurs, que c'est là que se vit le lien entre les hommes et les femmes. Ces valeurs, nous avons à charge, là où nous sommes, de les défendre et de les transmettre

Nous les retrouvons dans notre signature d'Harmonie Vendée : toujours plus proche, plus humain, plus utile.

– Toujours est-il que, contrairement à Henri Pasquiet, votre collègue de la mutuelle de Tiffauges, vous n'avez pas gardé à Saint-Georges votre indépendance.

– Claude Hemme et François Venturini insistaient sur la nécessité d'un regroupement, auquel ils ne voyaient que des avantages, au sein d'une même mutuelle, de toutes les petites mutuelles. Or, on en comptait quelque quatre-vingt-dix-huit dans le département de la Vendée et qui faisaient souvent de la résistance. Il fallait donc restructurer cet ensemble au niveau départemental avant d'aller plus loin. Cela ne s'est pas fait en un clin d'œil, bien au contraire. Nous avons eu de nombreuses semaines de réflexion à ce sujet à la fin des années quatre-vingt-dix. Il nous a fallu multiplier les rencontres, les séminaires, les journées d'étude pour répondre à toutes les questions, à toutes les inquiétudes, aussi, qui se faisaient jour dans toutes ces mutuelles qui pressentaient qu'elles allaient disparaître sous leur forme traditionnelle pour se fondre dans un vaste ensemble.

Finalement, l'assemblée générale des Mutuelles de Vendée, présidée par Henri Faivre et à laquelle participait Claude Hemme, qui était très attentif à la décision de la Vendée, a pris la décision en juin 2000 de fusionner les quatre-vingt-dix-huit mutuelles au sein d'une Mutuelle de Vendée, à effet au 1er janvier 2001. Chaque mutuelle locale était invitée à se prononcer avant le 1er décembre sur le projet de fusion. La nôtre, la Mutuelle des Deux Maines, qui comptait 1747 adhérents à cette date, s'est réunie le 24 novembre. La première assemblée n'a pas atteint le quorum.

– *Vous ne pouviez donc rien décider.*

– Pas exactement. Nos statuts prévoyaient qu'en l'absence de quorum pouvait être réunie sur le champ une seconde assemblée générale qui, elle, n'avait plus à respecter le fameux quorum. Et à cette deuxième assemblée, sur 207 présents, 197 ont voté la fusion.

– *La Mutuelle des Deux Maines comptait 1747 adhérents ? C'était, relativement, une grosse mutuelle au niveau local.*

– C'est vrai, mais cela s'explique d'une manière très simple. C'est qu'entre-temps, en 1999, avaient déjà fusionné, sous le nom de Mutuelle des Deux Maines, celle qui réunissait déjà les mutuelles de Saint-Georges-de-Montaigu et des Brouzils, ainsi que celles de Treize-Septiers, de La Guyonnière et de La Boissière-de-Montaigu.

– *Comment cette fusion a-t-elle été perçue par les adhérents ?*

– Assez bien dans l'ensemble. D'abord, nous avions fait tout un travail préparatoire dans les secteurs et même réalisé une enquête auprès de nos adhérents. Nous avions longuement expliqué le pourquoi et le comment de cette fusion, de sorte qu'à notre assemblée générale, même si nous n'avions pas atteint le quorum, l'immense majorité des présents a voté pour cette fusion. Mais en plus, pour la plupart des adhérents qui n'étaient pas vraiment impliqués dans la vie de la mutuelle, leur contact avec celle-ci demeurait le bureau que nous avions ouvert à Saint-Georges et que nous avions maintenu. Il ne portait plus la même enseigne, il n'était plus celui de la Mutuelle des Deux Maines, mais celui de la Mutuelle de Vendée. Cependant, il était toujours là et remplissait la même fonction : garder vivace le lien social que nous avions établi et que nous voulions préserver. La fusion n'avait pas remis en cause cette permanence d'un point d'accueil proche des gens.

– La fusion étant programmée, il ne restait plus qu'à l'entériner.

– C'est ce qu'a fait la première assemblée générale de la Mutuelle de Vendée en janvier 2001, marquant ainsi le regroupement de la quasi-totalité des mutuelles locales de Vendée, ainsi que la Mutidev, qui regroupait l'ensemble des mutuelles d'entreprises du département. Seules quelques mutuelles ont refusé de nous rejoindre.

– Quelques ? Je croyais qu'il n'y avait que celle de Tiffauges qui faisait bande à part.

– Au sein de l'Union, elle était la seule en effet. Mais deux autres, celle de Mortagne et celle des Châtelliers-Châteaumur, étaient restées à l'écart depuis le début. Elles n'ont donc pas été concernées par la fusion, même si celle des Châtelliers-Châteaumur nous a rejoints dès la fin 2001. Celle de Mortagne, elle, comme celle de Tiffauges, est restée indépendante jusqu'à cette année, puisqu'elle vient de fusionner avec La Choletaise.

– On passait d'une galaxie d'une centaine de mutuelles locales à une structure qui couvrait l'ensemble du département. Le mode de fonctionnement devait être sensiblement différent.

– Il l'était plus par la taille que par les principes directeurs, qui étaient et sont toujours ceux de la mutualité. La fusion était un prolongement, une amplification, pas un renoncement. Sur le plan pratique, la nouvelle mutuelle ainsi créée a élu son conseil d'administration, son bureau et a bien voulu me confier le poste de président. Elle était prête à fonctionner, il fallait maintenant la faire « démarrer ». En juin 2000, le directeur de l'Union prenant sa retraite, il a été remplacé par son adjoint, Lucien Paternostré, qui, en janvier 2001, s'est retrouvé à la tête d'une mutuelle comptant 188 000 personnes protégées. D'ailleurs, j'aimerais m'arrêter un instant sur lui, non seulement en raison de mes sentiments d'amitié à son égard, mais aussi de sa personnalité hors du commun. Tout d'abord, si j'ai accepté la présidence de la Mutuelle de Vendée sans savoir au juste où cela me mènerait, c'est parce qu'il m'avait sollicité. C'est un homme qui a toujours eu un temps d'avance sur l'avenir et qui a su nous préparer à la nouvelle configuration mutualiste, qui implique la séparation des activités. C'est grâce à lui que je suis ce que je suis aujourd'hui dans la Mutuelle. Son grand plaisir était de me provoquer, de me pousser dans mes retranchements, de bien saisir et, plus encore, de bien me faire saisir le fond de ma pensée. Ce qui m'a grandement aidé à avancer et à mettre en place, ensemble, la proximité que nous appelions de nos vœux. Il avait ses idées, moi les miennes et nous avions coutume de les confronter avant d'avancer nos propositions. C'est à lui que je dois une bonne part de mon engagement et donc, dans une certaine mesure, le niveau de responsabilité qui est le mien aujourd'hui.

Au-delà des personnes, le directeur d'un organisme mutualiste est avant tout un patron d'entreprise, le président est un politique qui, avec son conseil d'administration, définit et arrête une stratégie et ensuite en contrôle l'exécution, afin d'être à même d'en rendre compte devant l'assemblée générale. Pour que cela fonctionne au mieux des intérêts de la mutuelle et de ses adhérents, il est impératif que le « tandem » président-directeur fonctionne parfaitement, chacun à sa place, en toute confiance et transparence. Je peux affirmer que cela a été le cas en Vendée.

Dans le cadre de cette fusion, je tiens à souligner notre vigilance extrême quant à l'héritage que nous recevions de toutes ces mutuelles. Toutes les archives ont été récupérées, même si certains présidents de mutuelle locale considéraient ces documents comme leur propriété, et confiées aux archives départementales, ce qui est obligatoire puisque prévu par la loi en cas de fusion. Même démarche pour les bannières, avec parfois encore plus de difficultés, car pour un certain nombre, elles étaient exposées dans des mairies. Comme celles des Mutuelles des Deux Maines, remises le 9 décembre 2000 aux maires de La Boissière-de-Montaigu, des Brouzils, de Treize-Septiers et de Saint-Georges-de-Montaigu et exposées dans leurs mairies respectives. Toutes les autres, plus d'une centaine, sont aujourd'hui à l'Historial de la Vendée.

Toujours est-il qu'avec 188 000 personnes protégées, on était loin désormais de nos sociétés de secours mutuels locales. On tenait cependant à garder avec nos adhérents des liens de proximité, à conserver tout un réseau de délégués bénévoles réellement impliqués dans la vie de la mutuelle. On a partagé la Vendée en sept pays organisés avec à leur tête un président et un bureau de pays. Ces pays ont pour mission d'organiser l'action sociale ainsi que l'action de prévention et de communication locale et disposent pour cela d'un budget qui leur est propre.

– À propos d'action sociale, même si cela est arrivé tout récemment, si vous me parliez de votre rôle au moment de la tempête Xynthia[13] *?*

– L'épisode mérite-t-il vraiment un développement ? Je n'ai fait, je crois, à cette occasion, que ce qu'on attendait de moi et plus largement de notre mutuelle.

– Je crois savoir que vous vous êtes engagé personnellement et surtout que vous avez su mobiliser les ressources de la mutuelle pour répondre à l'attente des sinistrés.

– Dès le lendemain, lorsque nous sont parvenues les premières images de la catastrophe, j'ai été bouleversé et, dans la matinée, j'ai appelé la responsable de l'action sociale d'Harmonie Mutualité. Ensemble, nous avons décidé d'intervenir le plus rapidement possible. Dès

---

13 La tempête *Xynthia* est une dépression météorologique qui a balayé plusieurs pays européens entre le 26 février et le 1er mars 2010, causant un épisode de vents violents. Le système a principalement touché l'Espagne, le Portugal, la France (Aquitaine, Poitou-Charentes, Pays-de-la-Loire, Bretagne et Normandie), la Belgique, le Luxembourg, l'Allemagne et, dans une moindre mesure, le Royaume-Uni, la Scandinavie et les pays bordant la mer Baltique. Son passage a causé la mort de 59 personnes et de nombreux dégâts matériels. En France, la conjonction de vents violents et de fortes marées a donné lieu à une onde de tempête qui a occasionné d'importantes inondations dans certaines régions littorales, principalement en Charente-Maritime, en Vendée et dans les Côtes-d'Armor. La tempête Xynthia est considérée comme l'une des plus violentes et des plus meurtrières depuis les deux tempêtes de décembre 1999.

l'après-midi, on détachait sur place, à L'Aiguillon, une conseillère sociale du service de Vendée. Elle renseignait les gens sur ce qu'ils étaient en droit d'attendre de leurs assurances en fonction de leurs contrats. Mais surtout, elle s'efforçait de les réconforter, de leur donner du courage, de les orienter, de les aider à reprendre vie dans ce paysage de désolation où certains voyaient les fruits de toute une vie réduits à néant. Ensuite, tous les dossiers ont été étudiés par la commission sociale. Je crois que le plus important dans l'histoire n'est pas ce que nous avons fait, et que nous aurions fait de toute façon, mais la rapidité de notre action. Nous avons su intervenir aussitôt auprès des sinistrés, réconforter, accompagner, être présents. Nous avons été pleinement là en cohérence avec notre devise : plus proches, plus humains, plus utiles. Mais, en ce qui me concerne, je ne crois pas avoir fait quoi que ce soit de spécial. J'ai simplement joué le rôle qui était le mien dans mes responsabilités de président de territoire.

– Bel exemple en tout cas d'action sociale. Venons-en au deuxième volet de l'action au niveau du territoire, la prévention.

– La prévention se fait toujours en concertation avec une personne qui en est spécifiquement chargée. Un exemple : le petit déjeuner dans les écoles. Les délégués avaient en charge d'approcher les écoles et de les sensibiliser à cette action. Chaque pays devait trouver deux écoles, leur proposer un programme pédagogique et organiser des rencontres sur ce thème avec des délégués de parents et la participation d'une diététicienne.

– *On demande beaucoup aujourd'hui à l'école, on lui demande de former et d'éduquer les enfants dans des quantités de domaines qui ne sont pas a priori de son ressort. Comment ont été reçus vos délégués ?*

– Usant de persuasion et de conviction, ils ont joué un rôle de démarchage très important au début, mais très vite ce sont les écoles elles-mêmes qui ont demandé à participer au programme. Cette action, qui a démarré en 2004-2005, se poursuit encore aujourd'hui et touche en moyenne mille quatre cents enfants par an. Mais ce n'est là qu'une action parmi tant d'autres qui sont menées ici ou là avec des associations locales.

– *Voilà pour la prévention. Et pour la communication ?*

– Le principal travail des délégués était de rencontrer des associations locales en lien avec nos valeurs mutualistes. Dans le cadre du sport, du handicap par exemple, ces rencontres se concrétisaient par une aide financière.

C'est ainsi qu'on a pu voir des banderoles ou des maillots portant le logo de la Mutuelle de Vendée. Cette démarche nous permettait de garder un lien avec la vie locale.

– N'était-ce pas une forme de sponsoring ou, pour rester français, de parrainage ?

– Je préfère considérer cela comme une forme de lien social. On n'était pas là dans des opérations prestigieuses ou de grande envergure, notre apport restait souvent très minime. Mais il est probable que sans lui, les actions menées par ces associations locales ne se seraient pas faites, ou moins bien. Aujourd'hui, notre intention est toujours la même : faire connaître la mutuelle. Montrer qu'elle n'a pas disparu du niveau local. Au contraire, même : qu'elle s'est renforcée et qu'elle y est plus que jamais présente.

– Ces actions, j'en conviens, traduisent et confortent cette politique de proximité qui vous tient à cœur. Cela dit, même s'il s'agit de sommes dérisoires, ne risquent-elles pas d'induire des comportements plus contestables, comme du copinage, par exemple ?

– D'abord, comme je vous l'ai dit, sur le plan des principes, nous ne choisissons de soutenir que des associations qui partagent nos valeurs. Mais en outre, même si nos délégués ont une certaine autonomie au niveau local, nous avons aussi deux commissions départementales, l'une pour la prévention, l'autre pour la communication, qui suivent et coordonnent les actions de terrain, et où chaque *pays* est représenté par deux délégués. Il est essentiel que nos délégués soient impliqués dans l'action, qu'ils ne soient pas les simples exécutants des décisions des commissions. Ce sont néanmoins ces commissions qui prévoient les différentes actions envisagées, qui définissent celles à conduire et, éventuellement, mutualisent les ressources.

– Ces délégués, vous les avez formés, ils appartiennent au monde de la mutualité ?

– Pas forcément. Certains d'entre eux, retraités ou jeunes encore en activité totalement extérieurs au monde mutualiste, même s'ils partagent nos valeurs, sont des bénévoles porteurs d'une culture très différente, mais aussi très enrichissante pour notre action et notre réflexion. En fait, toute personne motivée qui veut s'impliquer dans ce type d'action sociale peut candidater pour être délégué. Cela dit, la bonne volonté ne suffit pas. Du fait de leur vie active, ces bénévoles n'ont pas connu l'origine et le cheminement des mutuelles et un besoin de formation se fait jour. Faute de quoi, dans un monde où le lien intergénérationnel a tendance à s'estomper, les mutuelles risquent de glisser vers une voie plus économique que sociale. N'oublions pas que la raison d'être de ces bénévoles est de créer ce lien social sans lequel la mutuelle perd de son sens.

– Je comprends que vous souhaitiez créer du lien social en Vendée, mais quel est le sens, pour la mutuelle, de votre engagement au Bénin ?

– La Mutualité au Bénin, c'est la Mutualité en France en 1900 : tout est à faire. La solidarité n'a pas de frontière, et si nous pouvons contribuer, grâce à notre expérience et à de petites subventions, à faire en sorte que le développement de ces mutuelles ne prenne pas un siècle, nous gagnons tous ensemble. Par ailleurs, l'engagement au Bénin n'est pas du seul fait des Mutuelles de Vendée : le Conseil général, la Chambre de métiers, les Maisons rurales, pour ne citer qu'eux, sont impliqués. Cela crée aussi du lien social en Vendée.

ATV

– En 1987 naît ATV, l'union des mutualités d'Anjou, de Touraine et de Vendée, qui regroupe les unions départementales de trois départements. Pourquoi avoir pris des noms de provinces plutôt que de départements ?

– J'imagine que c'est pour des raisons de communication. La combinaison des initiales de la Vendée, de l'Indre-et-Loire et du Maine-et-Loire aurait donné un sigle compliqué, difficile à prononcer et encore plus à retenir. Et puis, curieusement, les gens restent bien plus attachés à leur province qu'à leur département, encore perçu bien souvent, plus de deux siècles après leur création, comme une entité purement administrative. Alors que le nom de la province est plus évocateur d'un terroir.

– Il existait déjà des unions départementales où se retrouvaient des mutuelles interprofessionnelles, locales et de la fonction publique. Qu'est-ce qui, en l'occurrence, a poussé ces trois unions à se rapprocher ?

– Je crois tout simplement que les directeurs de ces trois structures avaient compris avant les autres qu'il leur fallait s'unir pour gagner ensemble. Ce type de regroupement était d'ailleurs préconisé et vivement encouragé par la Fédération nationale de la Mutualité française, mais selon une logique un peu différente, plus administrative. Lorsque, en 1982, Gaston Defferre avait fait voter à l'Assemblée la première loi sur la régionalisation, la Fédération avait souhaité que les UD, les Unions départementales, se regroupent en Unions régionales et que les territoires de ces regroupements coïncident avec ceux des nouvelles régions qui se mettaient en place.

Claude Hemme
in *Une vie en Harmonie.*
(Le Lectambule, 2007)

La mutualité vendéenne prend les devants

Plus atteinte que beaucoup d'autres mutualités départementales par la nécessité d'une concentration qu'elle a toujours redoutée, la mutualité vendéenne a examiné avec réalisme toutes les procédures que lui imposerait le nouveau Code de la Mutualité pour procéder à la fois à la fusion des sociétés locales et à la séparation de ses activités d'assurance et de ses réalisations sanitaires et sociales.

Elle décida d'opérer ces deux transformations douloureuses dans le cadre de l'ancien Code de la Mutualité et selon la procédure relativement simple qu'il prévoyait pour les associations comme pour les fusions.

C'est un véritable marathon de réunions de secteurs et d'assemblées générales qui rendit possible dès l'année 2000 cette restructuration drastique. Une étape est franchie et une autre se profile à partir de 2005.

Henri Faivre
in *La Force des solidarités vendéennes*
(Mutualité française Vendée, 2005)

– Ce tissu de délégués, cette répartition par « pays », toutes ces actions de prévention et de communication témoignent d'un réel souci de rester au plus près de l'adhérent, un souci que l'on imagine sans peine au niveau des sociétés de secours mutuels de naguère, mais qu'on a du mal imaginer au niveau de structures départementales, à plus forte raison nationales.

– Ce n'est pourtant pas incompatible, au contraire. Si on a mis en place ces pays, c'était pour conserver la vie de ces mutuelles, qui étaient reconnues par tous les acteurs sociaux de la vie locale – les institutions, les associations, et j'en passe – pour garder un lien social avec l'adhérent, car les responsables locaux restaient sur le terrain. C'était aussi être présent, être acteur dans cette vie de proximité parmi les autres groupes, quels qu'ils soient.

– Mais il existait une centaine de mutuelles et vous n'avez créé que sept pays.

– Sans doute, mais chaque président de pays était membre de droit du bureau départemental et tous ceux qui étaient impliqués dans les mutuelles locales avaient la possibilité de s'investir dans la vie du pays à différents niveaux, comme délégué, administrateur ou président. Cette organisation n'était absolument pas incompatible, même si elle était spécifique à la Vendée, avec le fonctionnement d'une mutuelle nationale, ni même avec le Code de la Mutualité, qui allait être remanié en 2002 sous la pression de la Communauté européenne. En effet, depuis la fin des années quatre-vingt-dix, le mouvement mutualiste était incité à clarifier son organisation. Cela a abouti à trois domaines, qu'on appelle « les trois Livres » dans notre jargon :

- Le Livre I : il s'agit de toutes les grandes actions fédératives, telles que le rassemblement de toutes les mutuelles au niveau départemental, qui concernait en Vendée non seulement la nôtre, la Mutuelle de Vendée, mais aussi la

Société de secours mutuels de Tiffauges, la MGEN et bien d'autres. Cette structure était présidée par Henri Faivre.

- Le Livre II : les complémentaires santé gérées par différentes mutuelles et dont faisait partie la Mutuelle de Vendée dont j'étais président. Attention à ne pas faire de confusion entre cette Mutuelle de Vendée et Les Mutuelles de Vendée. En 2001, après la fusion qui avait donné naissance à la Mutuelle de Vendée, celle-ci, dans un souci de cohérence, avait souhaité que la structure Les Mutuelles de Vendée se dote d'un président issu de la mutuelle majoritaire, en l'occurrence la nôtre et, pour les mêmes raisons, que je devienne président des deux structures.

- Le Livre III : les réalisations sanitaires et sociales comme l'optique, les soins dentaires, les centres de soins, etc., où la Mutuelle de Vendée était partie prenante et gérait l'ensemble de ces activités.

Avec la Mutualité de Vendée, la Mutuelle de Vendée et les Mutuelles de Vendée, il est amusant de noter que dès 2001, la Vendée, comme la Loire-Atlantique, était organisée selon un schéma souvent décrié par nos collègues. Ce schéma allait pourtant devenir celui « imposé » par notre fédération nationale, en 2009.

– Il existait donc deux entités distinctes qui portaient sensiblement le même nom. D'une part, la Mutuelle de Vendée, née de la fusion de toutes les petites mutuelles locales, d'autre part, les Mutuelles de Vendée, gestionnaire des réalisations optique, audio et dentaire, qui regroupaient l'ensemble de toutes les mutuelles opérant sur le département. N'y avait-il pas là une source de confusion pour l'adhérent ?

– Oui et non. Oui, je le reconnais, cela n'avait peut-être pas été très judicieux de choisir des appellations aussi proches. Mais, il faut l'avouer, c'était un acte délibéré, réfléchi. Dans notre esprit, partout où cela est possible, une mutuelle santé doit s'appuyer sur un réseau de réalisations, et vice versa, dans l'intérêt bien compris de l'adhérent. Non, car l'adhérent, lui, n'était pas vraiment concerné par les arcanes de la structure. Il n'y avait pas de confusion dans la terminologie. Il continuait à avoir affaire localement à sa mutuelle et avait rarement l'occasion de se préoccuper de ce qui se passait au-dessus. Dès 2002, au sein d'une commission regroupant des élus de la Mutuelle de Vendée et d'autres mutuelles (Tiffauges, MFP…), nous nous sommes questionnés sur l'avenir de nos réalisations. Nous avons alors décidé de couper certaines branches afin d'en consolider d'autres, en d'autres termes, d'assurer nos positions avant d'entamer de nouveaux développements, en particulier dans le sanitaire et le médico-social. C'est ainsi que nous nous sommes impliqués plus avant dans Harmonie Médical Services (matériel médical et aide à l'autonomie) avec l'ouverture d'un magasin à La Roche-sur-Yon et, en 2007, avec la reprise de la Villa Notre-Dame, centre de réadaptation et de rééducation fonctionnelle à Saint-Gilles-Croix-de-Vie. En parallèle, la volonté des Mutuelles de Vendée, en matière d'optique et d'audio, était de bien mailler le territoire afin d'apporter un service plus proche aux adhérents. Aujourd'hui, nous avons dix-huit magasins d'optique, sept centres audio et trois centres dentaires. Une précision à ce sujet. Dans ces trois domaines, optique, audio et dentaire, l'adhérent doit assumer une partie de la dépense, un « reste à charge » dans notre jargon. En fait, les mutuelles se sont investies dans ces domaines pour lutter contre les nombreux dérapages qu'on a souvent constatés dans les prix ; elles jouent ainsi un rôle de régulateur. D'autant qu'elles se montrent extrêmement exigeantes sur la qualité des produits.

– Optique, audio, dentaire ne couvrent qu'une partie des prestations des mutuelles. Les champs d'action de la mutuelle sont si nombreux qu'on se demande parfois comment l'adhérent arrive à s'y retrouver.

– Il est vrai que notre organisation est, à l'image d'ailleurs de la société dans laquelle nous vivons, de plus en plus complexe. Nos pays étaient là, justement, pour faire participer l'adhérent à l'ensemble des entreprises que nous menions. Nos assemblées étaient autant de lieux d'explications et d'échanges. En fait, chacune de nos mutuelles locales avait coutume de réunir tous les ans une assemblée générale. J'ai tenu à garder cette tradition, que je considère fondamentale pour expliquer le fonctionnement de la mutuelle aux adhérents. C'est essentiel si on ne veut pas les réduire à de simples consommateurs de biens de santé. On organisait donc – on les organise toujours – des assemblées par pays, une fois par an en novembre, à l'occasion desquelles on les informait de l'évolution de la Mutuelle de Vendée, des modifications apportées aux prises en charge de la santé, des résultats financiers de la mutuelle et du taux de cotisation appliqué. Pour ma part, en tant que président, je participais à chaque assemblée, ce qui me permettait de rencontrer mille trois cents à mille cinq cents personnes par an.

– Vous parlez au passé, doit-on en déduire que ce n'est plus le cas ?

– La fusion n'a rien changé à notre mode de fonctionnement. Celui que je viens de vous décrire a perduré ainsi jusqu'à la fusion des mutuelles d'Harmonie Mutualité, projet auquel j'ai participé. En juin 2007, l'assemblée générale d'Harmonie Mutualité a décidé la fusion de l'ensemble des mutuelles de l'union [14] dans une seule mutuelle, dénommée Harmonie Mutualité. Cette fusion souhaitant garder, en dépit de la taille de la nouvelle entité, une relation de proximité avec l'adhérent, elle ne modifiait pas les territoires existants. Sans doute la mutuelle départementale a-t-elle perdu sa souveraineté, mais l'organisation par pays existe toujours et garde la responsabilité de l'animation des territoires. Chaque territoire est doté d'un conseil de territoire, doté d'un bureau et d'un président, et conserve son organisation et son mode de fonctionnement. Le territoire a du personnel à sa disposition pour son fonctionnement et la mutuelle lui vote un budget spécifique pour l'action sociale, la prévention et la communication locale.

– En même temps, Harmonie Mutualité ne cesse de grandir. Pensez-vous que dans une structure de plus en plus vaste, ce maillage local au niveau du pays puisse perdurer ?

---

14 À savoir la Haute-Vienne, la Touraine, Cap Mutuelle, l'Indre, Mutinter, l'Anjou, la Loire-Atlantique et la Vendée.

– Il faut voir les choses comme elles sont. Depuis les années quatre-vingt-dix, les mutuelles sont prises dans un mouvement permanent de fusions successives. Il est inévitable que leur échappe une part de souveraineté. Mais Harmonie a réussi à garder un lien très fort avec ses adhérents. Harmonie Mutualité a réussi à démontrer qu'une vie de territoires demeure possible à condition de les doter de moyens humains et financiers pour faire fonctionner en tandem des salariés qui épaulent élus et délégués. On ne fait pas tourner les moulins si on n'a pas de grain à moudre. Harmonie Mutualité a aujourd'hui un projet de fusion en Harmonie mutuelle, qui représentera quelque quatre millions et demi de personnes protégées. Cette mutuelle à dimension nationale pourrait fort bien fonctionner avec un nombre beaucoup plus limité de délégués. Mais forte de son expérience et de l'engagement de ses délégués, elle tient à faire partager cette vie à toutes ses composantes. C'est là que nous montrons notre différence, en ne reniant pas nos engagements et en affirmant notre origine et notre spécificité dans l'économie sociale. J'ai toujours défendu cette conception d'une grande mutuelle nationale qui sait conserver ses racines et qui a la volonté de les faire vivre. Nous avons fait le pari du lien social et nous allons le gagner. Harmonie Mutualité a d'ailleurs mis en place une commission de réflexion dite territoire proximité, que je préside, justement pour faire évoluer cette organisation locale vers des actions communes. Cette commission est un lieu de réflexion et surtout d'échanges entre les territoires où certains, plus actifs que d'autres, ont là l'occasion de partager leur expérience. En fait, chez nous, tout adhérent qui veut s'investir dans la mutuelle a la possibilité de le faire, que ce soit comme délégué de territoire pour agir localement ou comme délégué à l'assemblée générale pour participer aux débats. C'est ainsi que le territoire doit assurer deux assemblées annuelles sur des thèmes communs préalablement définis par la commission et peut mutualiser les moyens pour mener à bien les actions envisagées. C'est aussi l'occasion de faire circuler l'information de la Mutuelle vers le territoire et, du territoire, de faire remonter ces réflexions à la Mutuelle.

– *Harmonie Mutualité aujourd'hui, et demain Harmonie Mutuelle, par sa structure en territoires, par ce souci permanent d'un lien social, d'une présence locale, d'une animation par tout un réseau de délégués, n'est-elle pas un peu atypique dans le mouvement mutualiste français ?*

– Complètement. Mais je suis convaincu que c'est justement cette différence qui fait notre force. Dans l'économie sociale dont nous faisons partie, en tant que délégué, j'ai la responsabilité de faire en sorte que, même si le pouvoir décisionnel s'éloigne, le lien social demeure au cœur de nos préoccupations, que la proximité ne soit pas qu'un mot, qu'elle signifie réellement le lieu de vie, là où l'on crée justement le lien social. Rappelons-nous que la solidarité mutualiste est partie du territoire, du lien entre des hommes qui se côtoient. Si l'arbre veut grandir, pour résister il faut qu'il conserve ses racines.

– Eugène Guibert, quand on parcourt le fil de votre vie, la première chose qui frappe, c'est que vous avez eu successivement deux trajectoires : la première dans l'agriculture, la seconde dans la mutualité. On comprend mieux pourquoi vous avez tenu à intituler ce livre : « Paysan et Mutualiste ».

– C'est vrai que je revendique cette double appartenance, à l'agriculture et à la mutualité. Mais elles n'ont pas été véritablement successives. J'étais encore paysan, et vous savez combien je tiens à ce mot auquel je donne toute sa noblesse, quand, en 1962 – je n'avais que vingt-cinq ans –, on est venu me demander d'être le représentant local de l'AMEXA et d'entrer au bureau de la Société de secours mutuels de Saint-Georges-de-Montaigu. Le monde agricole est peu présent dans ce monde mutualiste ; au conseil d'administration d'Harmonie Mutualité, je suis le seul paysan.

– Ce n'est néanmoins qu'en 1998, quand vous avez pris votre retraite d'agriculteur, que vous avez commencé à vous investir vraiment dans la mutualité.

– On ne saurait tout faire et je n'aime pas m'engager à moitié. Quand j'ai pris ma retraite, je n'ai pas rompu avec ce monde qui m'avait tant apporté et auquel j'avais tant donné. J'ai préféré m'en éloigner. À la fois pour ne pas être de ceux qui, forts de leur expérience, s'estiment dépositaires d'une sagesse définitive et ne savent pas « décrocher », et pour laisser la place à des gens plus jeunes, à de nouvelles générations plus porteuses d'avenir. Cela dit, je suis d'accord avec vous, j'ai eu au moins deux vies dans ma vie. C'est malheureusement banal de nos jours, où certains se voient contraints par les aléas de leur vie professionnelle de se réorienter parfois brutalement. Et encore ! Quand on leur en laisse la possibilité ! Moi au moins, j'ai eu la chance de pouvoir choisir et décider. Cela dit, je crois que nous menons tous plusieurs vies de front. Nous n'avons parlé ici que de ma vie professionnelle. Je n'ai pas mentionné, ou très peu, ma vie de mari, de père, d'ami, tout ce qui fait en réalité la richesse d'une vie et que seules les nécessités de l'écriture obligent à séparer. Dans la vie, la vraie, même si on s'efforce de distinguer ses activités, toutes ces vies sont en interaction permanente. Je n'aurais probablement pas fait ce que j'ai fait si ma femme ne m'avait pas soutenu et si mes amis ne m'avaient pas accompagné et aidé.

– Peut-être ne reçoit-on que ce que l'on mérite ?

– Ce serait trop beau. Combien de belles âmes méconnues croupissent dans l'ombre quand tant d'autres, moins méritantes, se voient comblées d'honneur ?

– En tout cas, votre chronologie est un véritable palmarès. À ce jour, car rien ne dit que vous allez vous arrêter là. Vous pouvez vous vanter de plus d'une douzaine de présidences à votre actif. Et j'en oublie sans doute.

– J'ai eu aussi ma part d'échecs, comme tout le monde. Les plus durs à accepter étant ceux des projets pour lesquels on s'est beaucoup investi, mais qu'on n'a pas su faire partager et faire accepter. Même si, avec le recul, on estime qu'il fallait malgré tout les réaliser. L'innovation n'est pas toujours bien acceptée et, s'il ne sert à rien dans la vie de se présenter trop tard, il n'est pas toujours bon, non plus, d'arriver trop tôt.

– Il n'empêche qu'un tel cumul de présidences laisse songeur et fait un peu penser à une course à l'échalote. Vous semblez avoir été pris par une frénésie de l'action.

– Il est abusif et même erroné de parler de « cumul ». Ces responsabilités qu'on a bien voulu me confier, je les ai assumées pour la plupart successivement et non en même temps. Par ailleurs, vous présentez cela comme un tableau de chasse. Or, je vous l'ai dit, j'ai toujours été un piètre chasseur. Ce qui était vrai dans les champs et les bois l'était aussi dans ma vie. En fait, ces responsabilités, ces présidences, je n'ai jamais cherché à les obtenir, jamais calculé, encore moins intrigué pour les inscrire à ce que vous appelez mon « palmarès ». On me les a toujours proposées sans que je les demande.

– Sans doute parce qu'on vous savait capable de les assumer.

– Surtout parce que je ne savais pas dire non. Ou, à tout le moins, parce que je savais me rendre disponible. En outre, il faut ajouter que, si je me suis toujours investi dans l'action, j'ai su aussi me ménager des espaces de réflexion. Dans ma vie personnelle, d'abord : une vie familiale équilibrée est un solide appui à la vie professionnelle.

Mais aussi dans le groupe CMR, dont je fais partie depuis trente ans.

– *CMR ?*

– Chrétiens dans le monde rural, un mouvement qui est en quelque sorte l'héritier des JAC de naguère. Tous les mois d'hiver, nous nous réunissons, ma femme et moi, avec un petit groupe d'amis, les mêmes depuis trente ans, et nous discutons d'un problème de société, de sa portée et de ses implications dans le monde rural, de notre façon d'y répondre, de notre façon d'être, tout simplement. Et nous nous assurons que nos actes sont bien conformes à l'enseignement des Écritures. C'est là un moment privilégié de réflexion, de questionnement, d'échange et d'enrichissement.

– *Une façon de donner du sens à votre action ?*

– De donner du sens à ma vie. Nous sommes portés, parfois même emportés, par l'action. Il n'est pas toujours facile de résister aux paillettes du personnage que la vie nous amène à jouer dans notre position sociale et de rester la personne que nous sommes en réalité. C'est pour cela que je crois nécessaire de savoir prendre le temps de se poser, de s'interroger, j'ai envie de dire de s'élever.

– Ce qui vous a assez bien réussi, semble-t-il.

– Je laisse à d'autres le soin d'apprécier. Pour moi, au-delà de la vie professionnelle, la réussite qui a le plus de valeur est celle de la vie familiale. Bien fort est celui qui prétend cloisonner hermétiquement sa vie de sorte que le personnel n'influe pas sur le professionnel. Pour moi, l'homme est un tout qui rentre chez lui avec les problèmes et les joies de son travail et qui en repart avec les soucis et les bonheurs de sa vie familiale.

– La famille, et cela s'entend dans vos propos, a toujours joué un rôle important pour vous.

– Un rôle essentiel. Et peut-être plus encore aujourd'hui, où, moins pris qu'avant par mes occupations, je peux le privilégier.

– Vous consacrez pourtant beaucoup de temps à la mutualité.

– Beaucoup de temps, beaucoup d'énergie et beaucoup de cœur, j'en conviens. Mais je n'ai plus comme autrefois la lourde charge d'une exploitation agricole et mes responsabilités au sein d'Harmonie Mutuelles me prennent quand même moins de temps que n'en prenaient celles que j'assumais dans le monde agricole.

– *Pourtant, que de chemin parcouru depuis le temps où vous teniez table ouverte pour les adhérents de l'AMEXA au bistrot de Saint-Georges et où vous couriez la campagne à moto pour collecter les cotisations !*

– Je n'ai fait qu'accompagner le vaste mouvement des mutuelles en général et d'Harmonie en particulier. Ne nous y trompons pas. Je ne suis qu'un infime maillon de cette longue chaîne de bonnes volontés, qui a commencé bien avant moi et se poursuivra bien après. Les mutuelles se construisent jour après jour. Songez que la mutuelle de Saint-Georges-de-Montaigu, portant le matricule 42, s'est constituée en 1876. Comme beaucoup d'autres, elle ne couvrait que le chef de famille. Il a fallu attendre 1949 pour qu'elle s'ouvre et couvre femme et enfants. C'est aussi à partir de ces années-là qu'elle a pris en charge progressivement la chirurgie et les soins dentaires. En même temps, au sein de l'Union mutualiste se créait une caisse de réassurance, une solidarité qui dépassait le cadre déjà devenu trop étroit de la mutuelle locale, en créant une solidarité inter-mutuelles gérée par les services de l'Union.

Et puis, en 1989, l'informatique s'imposant comme une nécessité dans la gestion, trois présidents d'unions, celles de l'Anjou, de la Touraine et de la Vendée, décident de se regrouper dans une union plus vaste et créent ATV (Anjou, Touraine, Vendée). Ils ne le savent pas encore, mais ils viennent de poser la première pierre d'un édifice extraordinaire. Car cette union qui se veut ouverte – la rejoignent bientôt la Vienne, l'Indre et bien d'autres – va donner naissance à Harmonie Mutualité.

Mais cela n'allait pas être simple. Séminaire après séminaire, l'objectif des réflexions était de progresser vers plus d'intégration à l'intérieur du groupe. Or, si on était tous d'accord sur le principe quand on était ensemble, il n'en allait pas de même quand on retournait dans nos territoires, où l'on se heurtait à bien des réticences. N'allait-on pas perdre notre autonomie ? Qu'allaient devenir nos réserves ? Les questions étaient nombreuses. On se sentait bien dans l'union des moyens, on n'était peut-être pas prêt pour autant à faire un pas supplémentaire.

Pendant de nombreuses années, l'Union des Mutuelles Atlantique, leader en Loire-Atlantique avec près de 400 000 personnes protégées, tenta des rapprochements avec d'autres mutuelles extérieures au groupe Harmonie, tentatives qui n'ont pas été couronnées de francs succès. Mais dès 2001, la Vendée et la Loire Atlantique commencèrent à se rencontrer. Les Mutuelles Atlantique organisant la fusion de leurs mutuelles locales en 2002, c'est tout naturellement que nous avons mis en place la même organisation territoriale basée sur des pays ; nous avions le même règlement intérieur. Il faut dire que ces relations n'étaient pas forcément bien perçues par Harmonie. Le directeur de Vendée et celui de Loire-Atlantique se connaissaient bien, de même que le président que j'étais, ouvert à tout, et celui de Loire-Atlantique, Joseph Deniaud. Géographiquement, nous étions proches et nous nous rencontrions pour échanger sur nos mutuelles, notre vision, notre analyse de l'avenir. Nos points de vue, au fil de nos rencontres, se rapprochaient. En 2003, une première tentative de rapprochement au sein d'Harmonie, à travers la Vendée, échoua. Le conseil d'administration de la Mutuelle de Vendée avait même approuvé le principe d'une fusion avec la Loire-Atlantique. Nous étions convaincus, l'un comme l'autre, que nos intérêts et ceux de nos adhérents étaient de se retrouver dans le même groupe, pour une bonne lisibilité sur le terrain, et de pouvoir développer une offre de prise en charge globale de santé. Nous nous devions de réussir ce rapprochement. Une deuxième tentative auprès d'Harmonie prit corps, avec l'objectif d'aller vers la fusion des mutuelles Harmonie, ce qui se concrétisa lors de l'assemblée générale de juin 2008 aux Sables-d'Olonne grâce à la patience, à l'écoute et à la conviction de Claude Hemme.

Cette même assemblée porta à la présidence Joseph Deniaud. Nous venions de réaliser ce qui était imprévisible, impensable et irréalisable quelques années auparavant. Le développement de nos mutuelles allait se poursuivre, pierre après pierre.

Construire sur des bases saines, des fondations solides, suppose de conserver l'édifice, qui repose sur des hommes et des femmes qui se sont investis et veulent rester actifs et acteurs dans ce développement. C'est pourquoi Harmonie Mutualité, avec la fusion, affiche sa volonté politique de préserver cette proximité en conservant les territoires existants, en leur donnant les moyens financiers d'assurer une vie, de conserver, voire de développer des relations de proximité avec les autres acteurs associatifs du territoire à travers la prévention et la communication, une organisation spécifique que nous entendions garder dans notre développement.

À nous, mutuelles, d'occuper le terrain, de le rendre fertile pour continuer d'ensemencer et de développer les valeurs qui sont les nôtres : démocratie, transparence, proximité, solidarité.

Cet engagement dans ce grand mouvement mutualiste m'a permis de côtoyer des hommes et des femmes de milieux, de cultures, de professions différentes. Ces échanges, qui ont constitué au fil de ces années un enrichissement et une formation permanente, m'ont permis de devenir, moi qui n'avais qu'un bien petit niveau au départ, celui que je suis aujourd'hui.

J'ai toujours été ouvert au dialogue malgré nos différences, nos différends quelquefois. De la discussion jaillit la lumière, dit-on. Ma volonté a toujours été de rechercher le consensus afin de rassembler. Malgré les difficultés et malgré les échecs, parfois. Il faut savoir les partager et les accepter. Ils font partie de la vie et sont parfois plus riches d'enseignements que les réussites.

En janvier 2012, j'aurai derrière moi cinquante ans d'engagement mutualiste. Il est temps que mon parcours s'arrête et que je passe le relais.

Annexes

Harmonie Bénin

Présentation

En 2006, le Conseil général de Vendée menait des actions au Bénin et souhaitait y avoir un affichage départemental. Une association existait, France-Bénin, dont le président, Joseph Loko, qui travaillait à la MSA, la Mutualité sociale agricole, était particulièrement sensible aux problèmes de santé auxquels étaient confrontés les Béninois et souhaitait l'intervention d'organismes de santé. Il a contacté les Mutuelles de Vendée et, en mai 2006, a été signée une convention entre celles-ci et l'association France-Bénin, qui a déterminé un budget de 10 000 euros.

Je suis allé une première fois en mission avec le directeur des Mutuelles, en janvier 2007, pour rencontrer les mutuelles béninoises, soit une dizaine pour un pays de 115 000 km^2 et 9 millions d'habitants. Elles venaient de subir de plein fouet la crise du coton, étaient en déclin et, découragées, baissaient les bras, prêtes à renoncer. Il nous a fallu dans un premier temps les encourager, leur remonter le moral et les rassurer en leur faisant remarquer que, cent cinquante ans plus tôt, nous étions en France sensiblement dans la même situation.

Leurs principales difficultés résidaient dans le financement et dans le déplacement. Une première aide financière a permis de doter les mutuelles béninoises de motos pour faciliter le déplacement des délégués. En insistant pour qu'elles soient très vigilantes sur leur utilisation.

J'y suis retourné en 2009. Nous financions alors, toujours en raison des difficultés de déplacement, trois motos-ambulances. Lors de cette deuxième mission, on a fait venir tous les responsables des mutuelles à Cotonou pour tenir une sorte d'assemblée générale, où l'on a pu mettre en commun problèmes et difficultés. Comme leur principal problème, en raison du niveau de vie très bas, demeurait celui du financement, nous avons suggéré aux responsables d'accepter des paiements en nature pour que leurs adhérents puissent garder leur couverture. À charge ensuite pour les mutuelles de revendre aux meilleures conditions les produits accumulés.

On s'est engagé aussi dans une opération d'optique. Une équipe de nos opticiens mutualistes s'est rendue sur place avec un stock de lunettes et un véhicule adapté, qui a parcouru le pays et qui a pu recevoir et traiter les adhérents des mutuelles béninoises.

Puis nous avons participé à l'assemblée générale constitutive d'une mutuelle nationale, fédération nationale de toutes les mutuelles béninoises, baptisée Harmonie Bénin.

Eugène Guibert

« Une première aide financière a permis de doter les mutuelles béninoises de motos pour faciliter le déplacement des délégués… »

Signature du partenariat

Mutuelles de Vendée - France-Bénin

Signataires :

- Joseph Loko, Président de France-Bénin Vendée
- Eugène Guibert, Président des Mutuelles de Vendée.

Depuis 2006, les Mutuelles de Vendée apportent une contribution de 15 000 € par an pour le développement des mutuelles agricoles au Bénin.

Fin 2009, l'Association pour le développement des mutuelles agricoles béninoises comptait dix-sept caisses mutualistes actives. Les Mutuelles de Vendée ont décidé de reconduire ce partenariat jusqu'en 2015.

Renforcement et maintien des anciennes caisses, par le biais de la formation et du recyclage des responsables, de la dotation d'outils de gestion, de l'aide à la construction des bureaux des caisses, de la relance des caisses en difficulté et de la participation à diverses manifestations locales permettant le développement participatif (par exemple, la mise en culture d'un champ commun de soja dont la récolte a été vendue au profit de la Mutuelle de Kprékété).

Lancement des prestations médicales au profit des caisses naissantes. Les actions ont permis l'implication des leaders d'opinion locaux. Négociation et signature d'une convention de partenariat entre la mutuelle et le centre de santé dont elle dépend.

Identification et exploration de nouveaux sites d'implantation de mutuelles. Onze nouveaux sites ont été identifiés en vue de bénéficier du programme de création d'une mutuelle.

Poursuite et renforcement des relations avec les autorités de tutelle et les autres acteurs de la mutualité. L'objectif étant de susciter l'implication active et continue de divers acteurs locaux dans le processus de promotion et de développement des caisses mutualistes. L'ADMAB est l'interlocuteur des mutuelles avec les coordinateurs de zones sanitaires, les personnels des centres de santé et les élus locaux.

Remise d'une moto-ambulance à Harmonie Bénin

« Lors de cette deuxième mission, on a fait venir tous les responsables des mutuelles à Cotonou pour tenir une sorte d'assemblée générale, où l'on a pu mettre en commun problèmes et difficultés... »

FENA. CVMSR/ADMAB

Assemblée générale constitutive
Parakou Centre Guy Riobe

Intervention du Président
des Mutuelles de Vendée.

Le conseil général de la Vendée, à l'origine de nos interventions vendéennes, avec la collaboration de M. Joseph Loko, a mobilisé nombre d'associations de différentes activités pour intervenir sur le plan humanitaire en aide au Bénin.

Je voudrais remercier M. Loko de m'avoir invité à l'assemblée générale de ce jour. Je remercie également M. le représentant du ministère de la Santé pour les mots qu'il a prononcés à l'égard des familles sinistrées par la tempête Xynthia. Ces paroles nous vont droit au cœur. On y retrouve l'esprit de solidarité dépassant nos frontières. Encore une fois merci.

1 - Un retour en arrière

Le souci de Joseph Loko, partagé par le Conseil général de la Vendée, était comment venir en aide aux Béninois qui, faute de moyens, ont des difficultés à se soigner.

Comment créer une solidarité de prise en charge santé ? L'expérience vécue par les mutuelles locales de Vendée depuis 1850 pouvait être une expérience à partager auprès des Béninois. Sollicités fin 2005, nous avions voulu tenter l'aventure proposée. Début 2006, avec le directeur, nous sommes allés nous rendre compte de ce qui existait au Bénin.

2 - Première mission

Visite de dix mutuelles villageoises. Nous étions en plein dans la crise économique que subissaient les producteurs de coton. Nous avions trouvé des mutuelles en difficulté pour se maintenir, se développer ou en train de disparaître faute d'adhésions. Elles avaient toutes besoin de sensibiliser la population aux bonnes raisons d'avoir une mutuelle de santé pour se protéger : créer un esprit de solidarité. Des actions concrètes ont été envisagées avec le soutien des Mutuelles de Vendée :

1. acquisition de motos pour permettre aux délégués de se déplacer et d'aller vers les populations villageoises ;

2. améliorer les centres de santé.

Chaque financement des Mutuelles de Vendée correspond à une action précise.

3 - Les mutuelles, une réponse solidaire

La solidarité entre les hommes est le seul recours pour lutter contre les risques de la vie et les inégalités auxquelles nous sommes exposés.

Notre environnement mondial doit être pris en compte. La solidarité ne peut uniquement s'exprimer à l'intérieur de nos frontières. Le développement de la coopération doit être un élément moteur de solidarité entre les peuples. La santé est une grande richesse que chacun de nous, riche ou pauvre, doit penser à préserver. Dès les années 1850 en France, en Vendée même, nous avons eu le souci de créer une solidarité de proximité entre gens vivant dans un même milieu. Cette solidarité s'est développée à travers les mutuelles locales. Elle a conduit les pouvoirs publics à mettre en place une solidarité nationale que l'on appelle Sécurité sociale, permettant l'accès à des soins pour tous, la solidarité mutualiste venant en complément.

Préserver sa santé, c'est aussi faire de la prévention. Nos mutuelles conduisent des actions de sensibilisation au risque de la santé ; c'est de la prévention, devant les risques santé qui se développent malgré les progrès de la médecine. La prévention, c'est se protéger des risques ; protéger sa santé, c'est aussi protéger sa mutuelle qui n'a pas à intervenir en soins de santé. La fabrication de la farine Misola est un acte de prévention.

4 - Les mutuelles participent aussi à l'organisation des soins

La prévention, c'est aussi participer à l'organisation des soins. Organiser les soins pour une mutuelle, c'est être en relation avec les acteurs de soins, pour apporter des soins de qualité à un malade et prendre en charge la personne dans sa globalité.

C'est aussi s'organiser, prendre en charge et organiser les soins pour nos adhérents. Exemple : l'action optique qui s'est déroulée cet hiver ; demain, pourquoi pas le dentaire ? L'objectif est d'apporter un plus mutualiste.

5 - L'engagement des Mutuelles de Vendée au Bénin, pourquoi ?

Les Mutuelles de Vendée se sont engagées dans cette aventure, car ce que vous vivez pour la mise en place de mutuelles de santé, nous l'avons vécu à l'identique en Vendée. Pour convaincre, pour développer une mutuelle solidaire, nous sommes à vos côtés pour vous faire partager notre expérience. Vous apporter notre soutien est une de nos volontés. Par contre, nous ne voulons pas faire à votre place. Vous accompagner dans votre prise en charge, vous aider à vous responsabiliser, là nous sommes d'accord. Nous ne sommes pas des bailleurs de fonds, nous n'attendons rien en retour, si ce n'est votre réussite dans vos projets de créer et de développer les mutuelles. C'est le retour sur notre investissement que nous attendons.

6 - Notre réussite commune, votre parcours, un exemple

Votre parcours est en bonne voie, votre démarche d'organisation correspond à une bonne construction. Mutuelle villageoise puis organisation régionale, lieu de concertation, de délégation et, en chapeau-toiture de la construction, une fédération nationale. Le bon schéma de construction pour avoir une reconnaissance, être un interlocuteur privilégié à côté de professionnels, pour défendre la prise en compte des difficultés de soins rencontrées sur le terrain et faciliter l'accès aux soins.

Notre ou plutôt votre force sera aussi la responsabilité dans laquelle vous vous engagez pour affronter les vraies difficultés là où il faut. C'est aussi la transparence et la clarté dans votre gestion.

Les mutuelles que nous sommes gèrent des cotisations d'adhérents qui nous font confiance et que nous représentons, à qui nous devons rendre compte des activités et de l'utilisation de leurs cotisations.

Nous n'avons pas le droit d'utiliser leurs cotisations à mauvais escient. Je rappelle qu'en Vendée, le rôle et la mission des délégués et des administrateurs ont toujours été bénévoles, le don de soi.

7 - Poursuivre notre coopération

Le monde mutualiste se développe en dehors de nos frontières, la solidarité entre les hommes n'est plus un vain mot. Notre groupe Harmonie Mutualité se développe en Italie, en Belgique, en créant des partenariats. Demain pourquoi pas une Mutualité européenne ?

Des mutuelles comme la nôtre ont une coopération avec le Mali, la Guinée, le Burkina... C'est Martin Luther King qui disait : « Il nous faut vivre ensemble, sinon nous allons mourir ensemble comme des idiots. »

C'est cette conviction qui nous anime à construire ensemble. On ne peut plus agir seuls, il nous faut coopérer, c'est une nécessité.

8 - Vous allez être des interlocuteurs privilégiés

L'organisation que vous construisez, que vous allez mettre en place, si vous êtes exigeants et rigoureux dans son fonctionnement, sera porteuse d'espoir et d'un développement. Je témoigne que nos aînés qui ont mis en place nos mutuelles ont eu de fortes exigences pour être respectés et reconnus.

Vos exigences, vos convictions affirmées seront un atout pour votre développement, vous serez des interlocuteurs regardés, privilégiés, écoutés, ainsi vous pourrez construire une solidarité entre tous pour un mieux-être, mieux-vivre ensemble. Plus forts devant les risques santé. Une fédération avec une vision sur l'avenir.

Le champ après le grain mis en terre a germé ; il faut aujourd'hui sortir de terre. Les conditions sont bonnes pour que la graine grandisse, se développe et produise beaucoup.

Nous venons ensemble de vivre une belle aventure. Je voudrais en terminant féliciter deux mutuelles béninoises qui, malgré vents et marées, ont su résister aux tempêtes et qui aujourd'hui se développent. C'est celle de Biguina et Assrossa. Bravo ! Comme quoi, lorsque l'on est convaincu d'une bonne action, il faut persévérer.

Enfin, je voudrais ajouter que les Mutuelles de Vendée, qui depuis 2006 vous accompagnent et sont fières de ce que vous faites, ont décidé, lors de leur conseil d'administration du 23 avril, de renouveler leur convention en appui de vos mutuelles, et ce pour cinq nouvelles années, de consacrer un budget pour apporter aide et appui à l'organisation de soins de qualité comme l'optique aujourd'hui, que nous attendons avec l'ADMAB. Poursuivre et réfléchir à d'autres missions, voire des créations.

Ensemble, poursuivons le chemin que nous nous sommes tracé.

Fait à Parakou, le 28 avril 2010

Le Président des Mutuelles de Vendée,

M. Eugène Guibert

La société de secours mutuels de Saint-Georges-de-Montaigu

Historique de la Société de secours mutuels de Saint-Georges-de-Montaigu

(Mutuelle 42)

(Extrait des délibérations du conseil municipal du dimanche 7 mai 1876 à 13 heures)

- Création d'une société de secours mutuels.

- Règlement proposé par le maire, M. Jacquemeau :

La mesure dont il s'agit ne peut avoir pour effet que d'assurer le bien-être des sociétaires par des moyens d'économies qui rentreront dans le devoir de chacun.

Aidés dans leur misère et leurs infirmités, les sociétaires trouveront réciproquement des causes de cette affection qui moralise et fait s'entr'aimer et qui tend à assurer le bien-être de tous.

Les statuts ont été approuvés par le Préfet de Vendée et inscrits au répertoire départemental sous le N° 42, le 7 juillet 1876.

- Premier Président :	Jacquemeau père	Propriétaire
- Vice-Président :	Badreau Jean	Chantre
- Secrétaire :	Morel Félix	Forgeron
- Trésorier :	Pecquin Jean	Négociant

La mutuelle est constituée de :
- 38 membres titulaires
- 6 membres honoraires
- 32 personnes sont inscrites pour entrer dans la mutuelle

(Toute personne souhaitant adhérer à la mutuelle devra être acceptée par l'assemblée générale de la mutuelle)

Il existait jusque dans les années 1960-1970 un système d'amendes dans le règlement :
- 15 F pour un retard à la réunion trimestrielle,
- 30 F pour une absence,

- 100 F pour la non-assistance à l'enterrement d'un mutualiste, etc.

La mutuelle a longtemps été réservée aux hommes. Ce n'est qu'en 1949 qu'elle s'est ouverte aux femmes et aux enfants.

En 1959, la mutuelle a adhéré à la caisse chirurgicale de Vendée et, en 1963, à la caisse dentaire.

Puis, la mutuelle a participé à la caisse de réassurance maladie de Vendée et a bénéficié du réseau sanitaire et social.

L'affaire de la bannière

(extraits)

-:-

1931.

L'an mille neuf cent trente et un, le quatrième jour du mois d'octobre à 12 h 30, les membres participants de la société de S.M. de Saint-Georges-de-Montaigu se sont réunis au lieu habituel de leurs réunions (École publique des garçons) sous la présidence de M. Drouin Henri, président de la société.

Tous les membres du bureau étant présents et l'appel nominal étant terminé, le président propose à la société la bénédiction de la bannière. Cette bannière avait autrefois été bénie, mais par suite de sa participation à deux enterrements civils, ladite bannière avait perdu les privilèges de sa bénédiction. Aux enterrements où prennent part à la fois l'U.M.C. et la S.S.M., la bannière ne peut prendre place à côté des drapeaux de l'U.M.C. Pour remédier à cet état de choses et pour donner suite à la proposition du président, on procède au vote par bulletins.

Résultat du vote : Pour = 39/Contre = 37

La proposition bien que très discutée est acceptée et pour que la bannière soit toujours considérée comme bénie, il a été décidé qu'à l'avenir elle ne prendra part à aucun enterrement civil ni à aucune manifestation non catholique. Cette discussion suscite une discussion à la suite de laquelle MM. Bourasseau Joseph et Bernard Jean donnent leur démission de membres participants.

On procède ensuite à la recette qui s'élève à la somme de 1 220 Fr. Ensuite, paiement des frais de médecins et journées.

Contre appel et dislocation.

Fait à Saint-Georges-de-Montaigu le 4 octobre 1931.

Trois mois plus tard…

L'an mille neuf cent trente-deux, le trois janvier à midi et demi, les membres de la Société de secours mutuels de Saint-Georges-de-Montaigu se sont réunis au lieu habituel de leurs réunions (École publique des garçons) conformément aux statuts.

Le président est absent pour raison de santé et le vice-président absent également. La présidence de la réunion incombe et est donnée au secrétaire qui accepte. L'appel nominal étant terminé, avant de procéder à la recette, la question de la bannière revient sur le tapis et un sociétaire demande la reprise des sociétaires Bourasseau et Bernard. Après une discussion vive et animée, il est décidé que rien ne sera changé aux décisions prises à la réunion du mois d'octobre pour ce qui concerne la bannière. On décide aussi que les deux démissionnaires seront repris à condition de ne plus soulever de discussions.

On procède ensuite dans le calme à la recette qui s'élève à la somme de 1 159 Fr 60 [...]

Harmonie

Intervention d'Eugène Guibert au conseil d'administration d'Harmonie Mutualité du 24 octobre 2006

(Point 9)

Le procès-verbal du conseil d'administration du 13 juin, que nous avons approuvé tout à l'heure, faisait état de la décision de la commission proximité, gouvernance et valeurs mutualistes, lors de sa première réunion, de constituer deux groupes de travail : l'un sur l'enracinement dans la vie locale, l'autre sur la gouvernance politique.

Les deux groupes se sont réunis, le premier le 3 juillet, le second le 5 juillet. Ils ont chacun demandé à un groupe de collaborateurs d'effectuer des « devoirs de vacances » à remettre à la commission du 29 septembre.

La commission du 29 septembre a entendu et validé les travaux menés sur deux des dix vecteurs identifiés comme contribuant à l'enracinement dans la vie locale de la future mutuelle, à savoir :

- L'action sociale
- La prévention
- Les partenariats
- Le sponsoring
- Les animations commerciales
- La communication locale
- Le réseau de RSS
- Les relations avec les institutionnels et les professionnels de santé
- Les liens avec les entreprises locales
- L'animation du réseau de délégués

Les deux premiers vecteurs étudiés concernaient la prévention et l'action sociale.

Les actions de prévention permettent à la mutuelle d'être un acteur de santé plutôt qu'un simple payeur.

La prévention répond aux valeurs mutualistes. Elle est un facteur de différenciation et apporte des réponses de proximité.

La prévention est de nature à contribuer à ce que l'adhérent gère mieux son capital santé. Elle apporte, pour la mutuelle, un bénéfice :

- en termes d'image véhiculée,

- en termes d'amélioration de son rapport prestations sur cotisations,
- en termes de fidélisation des adhérents.

L'objectif de la mutuelle est donc de passer d'une offre basée sur le remboursement de prestations à une offre basée sur la gestion santé.

Une distinction doit être apportée entre la prévention en entreprise et la prévention pour les particuliers.

Vis-à-vis des entreprises, la mutuelle doit pouvoir répondre aux demandes des entreprises adhérentes en apportant une expertise en gestion de projets, des prestations de services et de remboursements. Les entreprises doivent s'engager dans le processus.

Pour réaliser cette mission, la mutuelle doit se doter de chargés de développement prévention qui travailleront en étroite collaboration avec les chargés de mission du collectif et qui pourront s'appuyer sur les animateurs prévention internes ou des unions départementales ou régionales. Au démarrage, le besoin est estimé à cinq chargés de développement prévention, pour tenir compte à la fois de l'existant et des disparités géographiques des entreprises.

À l'égard des particuliers, les missions de la mutuelle sont :

1. de développer, seule ou avec des partenaires, des actions de proximité,

2. de se positionner comme l'interlocuteur privilégié en santé.

Sur les territoires mutualistes, les commissions prévention, composées d'élus, arrêteront les actions à mener dans le cadre du programme national de prévention défini par la commission nationale de la mutuelle.

Les professionnels de la prévention conduiront, quant à eux, les actions.

L'estimation des besoins humains est de cinq à sept animateurs-prévention à plein temps, soit un coût d'environ trente-trois centimes d'euro par personne protégée.

La commission s'est accordée à souligner que la mutuelle devra s'appuyer sur les moyens déjà mis en œuvre par les unions départementales et régionales.

Sur l'action sociale

J'en viens maintenant au deuxième vecteur étudié : l'action sociale.

L'action sociale répond aux valeurs mutualistes d'entraide et de solidarité. Elle est un facteur de différenciation et une réponse de proximité.

Pour l'adhérent, c'est la prise en compte de son problème.

Pour la mutuelle, c'est un bénéfice interne d'image véhiculée, de légitimité par rapport aux partenaires et un bénéfice aussi en termes de fidélisation.

Pour les élus de la mutuelle, c'est une participation concrète à des actions de proximité.

La commission fait siennes les trois missions retenues par le groupe de travail :

1. aider ponctuellement les adhérents à conserver leur complémentaire santé,

2. aider les adhérents à faire face à des soins coûteux en cas de difficulté financière,

3. apporter aux adhérents une réponse adaptée à leur situation.

Pour remplir ces missions, trois niveaux de réponse :

- Un premier niveau assuré par des téléconseillers ;

- Un deuxième niveau, sur rendez-vous en agence, assuré par des professionnels de l'action sociale (assistantes sociales et/ou conseillers en économie sociale et familiale) ;

- Un troisième niveau de réponse, assuré par des commissions territoriales composées d'élus et statuant sur les demandes d'aide financière présentées par les professionnels. Ces commissions sont souveraines dans le cadre du règlement intérieur d'action sociale de la mutuelle élaboré par les présidents des commissions et validé par le conseil d'administration.

L'approche budgétaire conduit à un budget global d'environ 0,52 % du chiffre d'affaires de la mutuelle, soit environ 2 € par personne protégée, avec un quart de ce budget consacré aux salaires et charges des différents collaborateurs et 75 % à la constitution du fonds social.

La commission a demandé que le groupe de travail :

- poursuive sa réflexion sur les autres vecteurs de l'enracinement de la mutuelle dans la vie locale,

- propose un texte de « cadrage » de l'action sociale de la mutuelle.

Le diaporama relatif à la prévention et à l'action sociale a été adressé à chacun des membres de la commission.

La commission propose au conseil d'administration la validation des propositions relatives à ces deux points.

La commission a également pris connaissance des travaux menés sur la **gouvernance politique**.

Les objectifs retenus sont :

1. maintenir, voire développer le tissu des militants,

2. mettre en place une démocratie « maîtrisée ».

À partir des constats réalisés :

- relatifs à la situation géographique des adhérents (90 % des chefs de famille résidant dans les seize départements avec agence(s)),

- des écarts considérables entre ces mêmes départements (de 4 000 à 233 000 chefs de famille), mais aussi en prenant conscience que si huit mutuelles n'ont des agences que sur un seul département, d'autres en ont sur deux, voire sur trois et que le seul département du Maine-et-Loire compte deux mutuelles.

Des propositions d'organisation ont été faites :

L'organisation politique serait fondée sur des territoires mutualistes qui auraient notamment pour mission :

- de mettre en place, voire de développer une politique de proximité, de conserver les liens avec les unions et services de soins et d'accompagnement mutualistes, les institutions, les établissements de soins, etc.

- de mettre en place, voire de développer des partenariats,

- d'assurer la représentation politique.

Le groupe de travail a suggéré qu'un territoire corresponde au périmètre actuel des mutuelles.

Deux schémas d'organisation de la démocratie ont été présentés à la commission qui, compte tenu du temps imparti, mais aussi du nombre de participants (près de 30 personnes), n'a pas pu opérer un choix.

Après avoir échangé avec Bernard Richer, je vous propose que le nouveau bureau de notre mutuelle se saisisse de cette question et soit accompagné, dans ses réflexions, par François Venturini et Bruno Dehouck.

Les conclusions des travaux du bureau seraient ensuite présentées à la commission « proximité, gouvernance et valeurs mutualistes », puis à notre comité de pilotage fusion.

Point d'avancement des travaux sur le thème de la proximité mutualiste

Par Eugène Guibert

Comité exécutif du 12 décembre 2006

Depuis le 4 septembre, la commission « proximité, gouvernance et valeurs mutualistes » s'est réunie deux fois : le 29 septembre et le 5 décembre.

Le conseil d'administration d'Harmonie Mutualité du 24 octobre a validé les propositions faites par la commission, relatives à l'action sociale et à la prévention.

L'action sociale répond aux valeurs mutualistes d'entraide et de solidarité. Elle est un facteur de différenciation et une réponse de proximité.

Pour l'adhérent, c'est la prise en compte de son problème.

Pour la mutuelle, c'est un bénéfice en termes d'image véhiculée, de légitimité par rapport aux partenaires et un bénéfice aussi en termes de fidélisation.

Pour les élus de la mutuelle, c'est une participation concrète à des actions de proximité.

Les trois missions sont les suivantes :

1. aider ponctuellement les adhérents à conserver leur complémentaire santé,

2. aider les adhérents à faire face à des soins coûteux en cas de difficulté financière,

3. apporter aux adhérents une réponse adaptée à leur situation.

Pour remplir ces missions, trois niveaux de réponse :

- Un premier niveau assuré par des télé-conseillers ;

- Un deuxième niveau, sur rendez-vous en agence, assuré par des professionnels de l'action sociale (assistantes sociales et/ou conseillers en économie sociale et familiale) ;

- Un troisième niveau de réponse, assuré par des commissions territoriales composées d'élus et statuant sur les demandes d'aide financière présentées par les professionnels. Ces commissions sont souveraines, dans le cadre du règlement intérieur d'action sociale de la mutuelle élaboré par les présidents des commissions et validé par le conseil d'administration.

L'approche budgétaire conduit à un budget global d'environ 0,52 % du chiffre d'affaires de la mutuelle, soit environ 2 € par personne protégée, avec un quart de ce budget consacré aux salaires et charges des différents collaborateurs et 75 % à la constitution du fonds social.

Les actions de prévention permettent à la mutuelle d'être un acteur de santé plutôt qu'un simple payeur.

La prévention répond aux valeurs mutualistes. Elle est un facteur de différenciation et apporte des réponses de proximité.

La prévention est de nature à contribuer à ce que l'adhérent gère mieux son capital santé. Elle apporte, pour la mutuelle, un bénéfice :

- en termes d'image véhiculée,
- en termes d'amélioration de son rapport prestations sur cotisations,
- en termes de fidélisation des adhérents.

L'objectif de la mutuelle est donc de passer d'une offre basée sur le remboursement de prestations à une offre basée sur la gestion santé.

La mutuelle doit pouvoir répondre aux demandes des entreprises adhérentes en apportant une expertise en gestion de projets, des prestations de service et de remboursements. Les entreprises doivent s'engager dans le processus.

Pour réaliser cette mission, la mutuelle doit se doter de chargés de développement prévention, qui travailleront en étroite collaboration avec les chargés de mission du collectif et qui pourront s'appuyer sur les animateurs prévention internes ou des unions départementales ou régionales. Au démarrage, le besoin est estimé à cinq chargés de développement prévention, pour tenir compte à la fois de l'existant et des disparités géographiques des entreprises.

À l'égard du grand public, les missions de la mutuelle sont :

- de développer des actions de proximité,

- de se positionner comme l'interlocuteur privilégié en santé.

Sur les territoires mutualistes, les commissions prévention, composées d'élus, arrêteront les actions à mener dans le cadre du Programme national de prévention grand public défini par la commission nationale de la mutuelle.

Les professionnels de la prévention conduiront, quant à eux, les actions. Elles s'appuieront sur les moyens déjà mis en œuvre par les unions départementales et régionales.

Je tiens à souligner l'esprit d'ouverture qui a prévalu dans l'étude de ces deux dossiers.

Le conseil d'administration du 24 octobre a demandé au groupe de travail de terminer les travaux sur les vecteurs contribuant à l'enracinement de la mutuelle dans la vie locale et de présenter ses conclusions lors de la commission du 5 décembre. S'agissant de la gouvernance politique, il a demandé au bureau, assisté de François Venturini et de Bruno Dehouck, d'approfondir la réflexion afin de faire des propositions à la commission.

La commission du 5 décembre a décidé de proposer au conseil d'administration d'Harmonie Mutualité la création d'une troisième commission territoriale, « promotion de la mutuelle et communication locale », en charge des actions de partenariat, de parrainage et d'animation commerciale. Les présidents de ces commissions se réuniront une fois par an pour échanger sur leurs actions et leurs expériences.

Ces actions devront être menées dans le respect de l'éthique de la mutuelle, de ses valeurs et de son champ d'intervention : la santé.

Le conseil d'administration de la mutuelle arrêtera un texte de cadrage et allouera un budget à chaque territoire. Les territoires auront, à l'intérieur du cadre défini et dans la limite du budget, toute latitude pour choisir les actions à mener, les partenariats à nouer, afin de contribuer à améliorer la notoriété de la mutuelle.

Les instances territoriales auront à rendre compte de l'utilisation des budgets qui leur auront été confiés.

Au titre de la communication locale, la commission d'administration proposera au conseil que soit réalisée sur chaque territoire une « lettre des élus territoriaux » à laquelle ceux-ci contribueront, qui rendra compte des actions menées localement et les valorisera.

Sur la gouvernance politique, la commission a validé les objectifs, à savoir : maintenir, voire développer le tissu des militants (en attirant des jeunes et en visant la parité hommes/femmes) et allier politique de proximité et gouvernance politique efficace (« le tout est plus que la somme des parties »).

La commission a permis un large débat où chacun a pu s'exprimer sur les notions de :

- territoires mutualistes,
- collèges électoraux,
- durée des mandats,
- etc.

Le bureau va retravailler à partir des observations des uns et des autres puis reviendra devant la commission le 9 février 2007. Le fonctionnement des instances territoriales fera l'objet d'un budget spécifique incluant indemnités des élus, frais de déplacement, frais de réception, etc.

Chronologie

1962 : Correspondant local de l'AMEXA

1963 : Secrétaire de la mutuelle locale incendie

1968 : Secrétaire de la mutuelle locale accidents incendie

1972 : Président du GVA de Saint-Georges-de-Montaigu

1972 : Membre du conseil d'administration de la CAIA

1974 : Secrétaire de la CAIA

1975 : Président du GVA Nord Bocage

1977 : Président de la CAIA

1977 : Président de la Société de secours mutuels de Saint-Georges-de-Montaigu

1976 : Président de la FDGVA

1980 : Trésorier de la FNGEDA
Président du regroupement CAIA Nord et CAIA Sud

1983 : Membre du bureau de la Chambre d'agriculture
Président de la commission économique

1988 : Vice-président de la FNGEDA

1988 : Président de la CAIA regroupement Vendée - Charente-Maritime

1989 : Président du SUAD

1980 - 1989 : Membre du conseil de la FDSEA

1983 - 1997 : Membre de l'UNCEIA

1983 - 1995 : Adjoint au maire de Saint-Georges-de-Montaigu

1988 : Création de la Mutuelle des Deux-Maines

1989 : Membre du C.A. de l'Union mutualiste de Vendée

2001 : Président de la Mutuelle de Vendée
Président des Mutuelles de Vendée
Participation à l'union Harmonie Mutualité

2008 : Vice-président d'Harmonie Mutualité

Remerciements

Je n'aurais jamais fait ce que j'ai réussi à faire dans ma vie si je n'avais pas eu la chance de rencontrer ces hommes et ces femmes qui vous font confiance, qui vous révèlent à vous-même, et qui vous donnent finalement envie de grandir. Une liste exhaustive en serait trop longue, d'autant que je suis sûr que j'en oublierais. J'ai eu l'occasion d'en citer quelques-uns au fil de nos entretiens, mais j'aimerais faire part d'une gratitude toute particulière à Raymond Dronneau, dont nous avons souvent parlé, à Auguste Grit et à Joseph Gaborit, ces responsables agricoles qui m'ont reconnu et soutenu dans mes engagements, à Pierre Guillaume pour la CAIA, à Pierre Garnier et à Jacques Boucher de la Chambre d'agriculture et, pour la mutualité, à François Venturini et à Lucien Paternostre, sans oublier Claude Hemme, le bâtisseur d'Harmonie, et à tant et tant d'autres avec qui j'ai partagé, échangé et appris. J'aurais aimé aussi citer, mais la liste serait trop longue, tous ceux qui ont fait confiance au simple exécutant que j'étais et qui m'ont porté aux diverses présidences qui ont jalonné ma vie.

Je voudrais ici remercier André Geffard, qui fut directeur de cette Union mutualiste de Vendée, laquelle, avec celles de la Touraine et de l'Anjou, est à l'origine d'ATV, donc d'Harmonie. C'est lui qui, patiemment, a su nous convaincre de la nécessité de se regrouper sur le plan technique et de partager nos expériences avec d'autres mutuelles. Chaque année, un dimanche, il rassemblait les mutuelles locales aux Conches de Longeville et nous tenait informés de l'avancement des projets en nous confiant la charge de répercuter l'information au sein de nos mutuelles.

Dois-je dire le bonheur que j'ai de travailler avec Bernard Richer ? Avec Bernard, nous partageons les mêmes valeurs et nous nous enrichissons mutuellement de nos expériences, chacun défendant son territoire. Dans notre cheminement, nous avons toujours été convaincus que nous devions agir ensemble, difficilement parfois, mais ensemble. Pour arriver à réunir géographiquement nos mutuelles, il nous a fallu venir à bout de bien des réticences, abattre bien des murs, mais nous sommes aujourd'hui enfin dans la même mutuelle.

Sur un plan plus personnel, je dois beaucoup à mes parents, dont l'exemple de vie m'a marqué et m'a aidé à m'engager. À une époque très dure – ils ont connu la tragédie de la Seconde Guerre mondiale et les difficiles années d'après-guerre –, ils ont réussi, sur une petite exploitation et au prix de bien des sacrifices, à élever huit enfants, à leur donner tous les atouts pour réussir et à faire en sorte qu'ils aient une vie digne.

J'éprouve également une reconnaissance sans borne pour Germaine, mon épouse. Elle a partagé ma vie, mes combats, mes réussites comme mes déconvenues, et a non seulement accepté ma vie de militant de la solidarité avec tout ce que celle-ci supposait d'absences de ma part à la maison, mais a su les assumer et les combler tout en cohabitant avec mes parents, qu'elle a accompagnés jusqu'à leur dernier souffle. Nos premières années de vie de couple ne furent pas faciles et nous avons connu six ans d'échecs de maternité avant l'arrivée tant attendue, pour notre bonheur et celui de toute la famille, de Maryline, notre fille. Fille unique, hélas ! que nous n'avons pas gâtée pour autant, mais à qui nous avons fait partager notre vie et à qui nous nous sommes efforcés de donner l'éducation nécessaire pour qu'elle réussisse sa vie. Elle aussi a dû souffrir parfois de l'absence de son père, à certains moments.

Elle est aujourd'hui mariée à Alain et maman de deux petites filles, Camille et Valentine, que nous aimons et à qui je dédie ce livre pour qu'à travers lui, elles pressentent ce que j'entends par « réussir sa vie », pour qu'elles comprennent, si besoin est, qu'on ne peut y arriver que par l'amour de soi et d'autrui, par la tolérance, le partage, le respect, l'attention que l'on porte à l'autre tout en se protégeant pour rester soi-même.

Je voudrais aussi remercier mes frères et mes sœurs, avec qui j'ai toujours partagé et partage encore ces merveilleux moments que nous avons su préserver au fil des ans. Un dernier merci encore à Claude, mon frère, qui, dans le GAEC, a dû lui aussi supporter mes absences et avec qui j'ai pu développer cette exploitation, que nous avons transmise à de jeunes agriculteurs.

Enfin, parce que revoir sa vie, en dérouler le fil, se promener par les chemins creux de la mémoire et jeter un œil parfois par-dessus les clôtures de l'oubli est un exercice périlleux, mais ô combien enrichissant, je tiens à remercier de tout mon cœur François Venturini de m'avoir permis de m'y livrer ainsi qu'André Vignau, qui a su m'écouter avec patience et attention et rédiger ce qu'un petit agriculteur vendéen lui a transmis dans son langage de paysan.

Auteurs : Eugène Guibert et André Vignau

Éditeur : Harmonie Mutuelles - 143, rue Blomet - 75015 Paris

Réalisation :

Direction de la Communication - Harmonie Mutuelles

N° ISBN : 978-2-9532294-1-7

Dépot légal : novembre 2011

Imprimeur n° 15502

PEFC
PEFC/10-31-2008

Dans le cadre de sa politique de développement durable, La Source d'Or a été référencée IMPRIM'VERT® par son organisme consulaire de tutelle.
Cet ouvrage est imprimé - pour l'intérieur - sur papier bouffant « Munken Print White » 80 g provenant de la gestion durable des forêts, des papeteries Arctic Paper, dont les usines ont obtenu les certifications environnementales ISO 14001 et E.M.A.S.